元山口組系組長　現NPO法人代表

竹垣悟

私が見た「塀の中」の極道たち

懲役ぶっちゃけ話

清談社
Publico

懲役ぶっちゃけ話

私が見た「塀の中」の極道たち

はじめに
やくざにとって、懲役とは何か

二十一歳で渡世入りし、カタギになるまでの三十四年間、私はやくざでした。

「義竜会」という、いまでは元組員たちの供養のために姫路《ひめじ》市街の西に位置する中部《ちゅうぶ》霊園に建立した五輪塔にしか名を残さない幻の組を率いて、竹中組、中野会、古川組と三代にわたり、山口組の光と陰を内側から見続けてきました。

私を育ててくれたやくざ社会は、いまでこそ「暴力団」という社会から疎まれる存在になってしまいましたが、かつては義理と人情にあふれ、男としてどう生きるべきかを教えてくれるロマンがありました。

時代の流れとともに失われつつある「本物の男の生き方」をいま一度取り戻そうとつづり

始めた「ぶっちゃけ話」も、おかげさまで『極道ぶっちゃけ話』（イースト・プレス）、『山口組ぶっちゃけ話』（清談社《せいだんしゃ》 Publico）に続く第三弾となり、今回は「懲役」をテーマにさらに深く掘り下げてみたいと思います。

つねに死と隣り合わせで生きるやくざには、避けては通れない場所が三つあります。一つ目は三途《さんず》の川を渡し舟に乗り、さまようところを担ぎ込まれる「病院」、二つ目が法の裁きを受ける「警察と裁判所」、そして最後に罪を償う「刑務所」です。

カタギであれば、ほとんどの人が縁のない「刑務所」ですが、やくざにとっては大変重い意味のある縁の深い場所になります。七五三や成人式といった一種の通過儀礼のようなもので、懲役を務めて初めて一人前と見なされます。

なぜなら、やくざは刑務所を「男を磨く修養の場」と捉えているからです。私のように、少年時代はろくすっぽ勉強もせず、すぐカッとなるだけが取り柄のハンパ者には、刑務所の拘禁生活や刑務官の理不尽な命令に耐えてこそ、男としての所作が身につき、また「辛抱」を覚えることで、ようやくひと回り大きな人間になれるのです。

この「辛抱」という言葉は、私が崇敬する竹中組の組長で、のちの山口組四代目となる竹中正久親分の口ぐせにもなっていた言葉でした。

「懲役は勉強になる。何より辛抱を覚える」

「若いうちは何度でも懲役に行ったらええ」

懲役が決まって落胆している若衆を見つけると、正久親分はよくそう声をかけて叱咤《しった》激励したものです。まるで「若いときの苦労は買ってでもしろ」と言わんばかりでしたが、その真意は「自分に打ち克《か》て」「ひと回り成長した男になれ」と暗に諭していたのだと思います。

また、懲役はやくざにとっての「学びの場」でもあります。刑務所は強制生活を強いられるなか、あり余る時間があります。刑期が長くなればなおさらで、その時間をどう過ごすかで、「その後の人生が大きく変わってくる」といっても過言ではありません。

私は正久親分の忠告もあり、時間があれば努めて読書をするよう心がけていました。やくざが読書にふけるなど変に思うかもしれませんが、ここで漫画ばかり読んでいては立派な親分にはなれないのです。『論語《ろんご》』『孫子《そんし》』『韓非子《かんぴし》』から当時の流行《はや》りの小説までを片っ端から読みふけり、このときに得た知識は、その後の実践でも大いに役立ちました。正久親分は読書好きな親分として有名でしたが、それは懲役で培ったものと確信しています。

いろいろ偉そうなことを申し上げましたが、お伝えしたいことは、「懲役にはたくさんの学びがある」ということです。刑務所が隠語で「大学」と呼ばれるゆえんです。

振り返ると、山口組の歴代組長をはじめ、天下に名だたる親分は例外なく懲役を経験しています。名前を並べるのも恐縮ですが、私もそれなりの懲役を経験しております。初めての懲役を終えたとき、「もう二度とこの門はくぐらない」と誓ったにもかかわらず、通算で五回、十年あまりもお世話になったのは不徳のいたすところですが、それだけ学びも多かったと、いまでは自負しています。

そんな私の『懲役ぶっちゃけ話』を、ぜひともご笑覧ください。本書が真の男の生き方について考えるきっかけになれば本懐です。

二〇二三年五月吉日　自宅書斎にて

NPO法人「五仁會《ごじんかい》」代表

竹垣《たけがき》　悟《さとる》

懲役ぶっちゃけ話

CONTENTS

目次

第3章 塀の中から見た山一抗争

第4章 裁判官、弁護士をめぐる攻防戦

第5章 警察官、刑務官というお仕事

第6章 あるやくざの獄中死

CONTENTS

第7章 出所後の理想と現実

第1章 極道と懲役と私

大崎組とのケンカで一回目の懲役

やくざは懲役と隣り合わせで生きている。

義理だ、メンツだ、シノギ（資金獲得活動）だと、違法を承知で身体《からだ》を懸ける以上、地雷原を行くようなものだ。足がちょっとでも地雷に触れれば即座にドカーン。軽症で済むか重傷か、はたまた命を落とすか。無事に渡り切る者もまれにいるが、これはたんに運がいいか、若い衆を先に歩かせておいて自分はそのあとから行くか、端《はな》から安全地帯に身を置いているかのどれかだろう。

私が地雷を踏むのは二十六歳のときだ。二十一歳で坂本義一会長（初代竹中組若頭《わかがしら》補佐、のちに竹中組若頭、舎弟頭《しゃていがしら》を歴任）の盃《さかずき》を受けてから五年後のことだ。同じ坂本会の組員で、私とはのれん兄弟の岩崎正信が切迫した声で電話をかけてきた。

「大崎組の連中にやられた。兄弟、すぐ来てくれ」

「どこや」

「（姫路市）広畑《ひろはた》の西夢前台《にしゆめさきだい》だ」

「わかった」

電話を叩《たた》きつけると、木刀をつかみ、坂本会長の実弟である勇たちと現場に走った。

やくざ事務所は二十四時間待機だ。一報と同時に出動する。ケツ持ち（用心棒）している店から客が暴れているという電話が入ればすっ飛んでいく。一刻の争いが信用につながるのは、パトカーも、救急車も、やくざも同じなのだ。

大崎組組員の家に駆けつけると、

「なんじゃゃ、おのれら！」

◉1回目の懲役を食らったころの筆者（1980年）

路上に立って周囲をうかがっていた若いやくざが仁王立ちになった。

「じゃかんし！」

木刀で殴りつけた。

「ギャーッ！」

若い男が悲鳴を上げて路上に転がるや、家のなかから男たちが日本刀をかざして飛び出してきた。

（ヤバイ！）

と思ったが、私は武闘派として聞こえる竹中組傘下の坂本会若頭だ。一歩も引かず木刀を振るうが、木刀では刺すことも斬ることもできない。私は日本刀で頭を斬られ、胸を刺されて大ケガを負ってしまう。

近所の人が通報したのか、パトカーのサイレンが四方から聞こえてきた。双方、阿吽《あうん》の呼吸で一斉に散った。

私は仲間の手を借りて、なんとかその場を逃れたものの、瀕死《ひんし》の重傷で、そのまま病院に担ぎ込まれたのである。

そして、数日後。

坂本会長が病院にやってくると、

「悟、飾磨《しかま》署の徳永《とくなが》と話ができとうから行ってこい」

飾磨署に出頭しろ——そう言ったのである。

徳永というのは、所轄である飾磨署の部長刑事で、出頭すれば、勾留期限の十日か、延長して二十日で釈放することになっているというわけだ。親分が白と言えば、黒いものでも白くなる世界だ。坂本会長に命じられれば、返事は「はい」の二文字である。

ところが、出頭すると、その場で逮捕された。

「なんでやねん。取り調べとちゃいまんのか?」

「竹垣、おまえが木刀で殴り倒した若い男はカタギや」

「カタギ?」

「せや。やくざが木刀を準備したうえでカタギに暴力を振るった――そういうこっちゃ。悪質な暴力事件やで」

私は男の風体から、てっきりやくざだと思い込んだが、徳永刑事の話では、日本刀を手に飛び出してきた男が大崎組の組員。路上の若い男はその弟で、カタギということだった。弟がやくざであれば、五分と五分でケンカ両成敗になるが、カタギとなれば、そうはいかない。

私は早トチリで地雷を踏んだことになる。

この一件は竹中正久親分の耳にも入っている。正久親分は私のことを気にかけてくれ、

「義《よ》っちん、警察《サツ》と話できてる言うて、どないなっとんねん」

ケツを叩くものだから、坂本会長も困って、

「徳永、どないなっとんや」

と抗議すると、

「被害者《ガイシャ》がカタギやさかい、上の者がどないしても起訴せえ言いよるもんで」

申し訳なさそうに、そう弁解したという。

当時、警察とは持ちつ持たれつの関係で話し合いができた。組にしてみれば、出頭させることで、ほかの案件に手心が期待できる。一方の警察にしてみれば、捜査の手間が省ける。双方にとってメリットがあり、貸し借りはお互いが大過なく生き延びるための知恵ということになる。

坂本会長は幡随院長兵衛《ばんずいいんちょうべえ》のような侠気《おとこぎ》のある人で、山口組と対立していた本多会の有力団体・小川会の幹部を斬殺して懲役十年を務めている。それでいて温厚篤実な態度はカタギの旦那衆にも好かれ、組内での人望もある。逮捕されて、すぐに保釈がきいたのは、私が素直に事件を認めているからか、あるいは坂本会長と徳永刑事との約束があったからか。在宅で裁判が始まるのだった。

やくざをやっていれば、遅かれ早かれ懲役に行くことになる。たまたまカタギを血まみれにしてしまったが、野郎《あいつ》だって大崎組と無関係というわけではない。ケンカした相手は、あくまで大崎組なのだ。

（組事で行くなら本望だ）

これがやくざの割り切りだ。しかも私は日本刀で瀕死の重傷を負わされている。こっちに関しては、私は被害者だ。大崎組の人間も同罪になる。そう思っていたところが、公判でとんでもない話が飛び出す。

相手方の弁護士が言った。

「すでに坂本会とは和解が成立しています」

そして和解条件とした見舞金百万円が大崎組から坂本会長に渡っているというのだ。

「だから大崎組の組員は不起訴が妥当である」

という主張だ。

(百万円？　まさか！)

青天の霹靂《へきれき》だった。

納得のいかない手打ち

私は耳を疑った。

瀕死の重傷を負ったのは、この私なのだ。

私を無視して手打ちの話などあるわけがない。

(何かの間違いではないのか?)

そう思った。

だが、示談成立は本当だった。

私はむくれた。

(オヤジひとりにカネ行ってもうて、わしら、そんな話、聞いてへんがな)

手打ちにも腹が立ったが、そのことを私に隠していたことが許せなかったのである。

だが、あとで考えてみると、坂本会長にしてみれば、手打ちにしたこと自体が表沙汰にできないのだ。竹中正久親分の耳に入れば、

「何やっとんのや!　悟はやられっぱなしやないかい!」

と烈火のごとく怒るのが目に見えているからだ。

やられたらやり返せ——それが正久親分だった。カエシ(報復)をしないまま手打ちにして百万円をもらったとなれば、坂本会長の立場がなくなる。だから当事者の私にも黙っていたわけだ。

しかも、和解金がたったの百万円と聞いて、

（わしの命、えらい安いやないか）

プライドを傷つけられたようで、私は金額にも不満があった。「なんで手打ちにしてもうんたや」――と言いたいところだが、子が親にそんな口がきけるわけがない。保釈中でシャバにいた私は事務所に顔を出さなくなった。組事で身体を懸けたというのに、たったの百万円でトップがさっさと手打ちにしてしまった。当事者の私にしてみればピエロではないか。立場がない。恥をかかされたと思った。無言の抵抗である。

ところが坂本会長は私の気持ちを知ってか知らずか、

「悟は顔見せへんが、どないしてんのや。やくざ続ける気あるんかい」

そう言っているということを伝え聞き、私はますます意固地になった。

（なら、彫り物入れたるわい）

そう決心した。口で言う必要はない。刺青《いれずみ》を入れるということは、やくざで生きていくという決意の証《あか》しである。

だが、「親の心子知らず」で、あとになってよくよく考えてみれば、坂本会長が私利私欲のために動く人間ではないことは、私がよく知っている。坂本会は小さな組織で、シノギと

いえば競馬のノミ屋や、みかじめが主で、たまに賭場《とば》を開帳する程度。竹中組内でも「カネなしの親分」として有名だった。ある案件を処理したお礼だと言ってカタギの社長がお礼を包んできても、

「わしらはカネのつきあいをしているのとちゃう」

と頑として受け取らなかった。

後年、山口組直参《じきさん》に上がる話を坂本会長は二度も断っている。私が知るかぎり、プラチナバッジを断った親分などめったにいないのである。情に篤《あつ》く、腰が低い人格者だが、それでいて組事の殺人罪で十年の刑期を務めてもいる。そんな親分だから、地元・姫路でカタギ衆から慕われ、伝説の親分として、いまも語り継がれるのだ。

裁判は弁護士費用や保釈金などカネがかかる。そのすべてを坂本会長が面倒を見てくれていた。ありがたいと感謝しつつも、「カネなしの親分」がどうやって工面していたかということまでは、若い私は思いがおよばなかった。手打ちの百万円は坂本会長が懐に入れたわけではなく、裁判費用に使ったのである。

和解金を受け取ることで大崎組の顔を立て、若い衆のための裁判費用も捻出できる。やくざの処し方としては異論のあるところだが、坂本会長らしい収め方かもしれない。

「人が先、我はあと」という生き方をする人で、「俺が、俺が」で競走馬が鼻先を競うようなやくざ社会にあって、坂本会長のような生き方はめずらしかった。「やくざらしくないやくざ」という言い方が、もしほめ言葉でないとするなら、「任侠道《にんきょうどう》を貫く親分」ということになるだろうか。組織としては大きくならなかったし、大きくする気もなかったのだろう。そういう生き方に惹《ひ》かれて盃を受けたはずなのに、とがった生き方をしていた当時の私は、歯がゆい思いをしたこともたしかだった。

示談が済んでいたことで、私に重傷を負わせた大崎組組員は執行猶予になり、やられた側の私が懲役に行くことになる。やくざとして、これほど情けないことがあるだろうか。

私は屈辱に歯ぎしりした。

傷害容疑で実刑判決

坂本義一会長から出頭するように言われたとき、まさか逮捕されるとは思わなかった。だから取り調べが始まったとき、私は調書に身構えた。裁判に備えてではない。竹中正久親分が調書に目を通し、取り調べで何をしゃべったかで若い衆を評価するからである。

◉坂本義一（右）

坂本会長が私につけてくれた弁護士は検事上がりの川村壽三《かわむらひさぞう》先生で、竹中組の顧問弁護士をやっていることから調書を取り寄せ、正久親分に見せていた。

正久親分は若い衆の器量を推し量るひとつとして供述に注目していた。口先でどんなに強がったことを言っていても、取り調べのときに何をしゃべっていたか、調書を見れば一目瞭然である。私はそのことを知っていたので、「正久親分が見る」ことを前提にして調書を取らせたのだ。

裁判長の心証を考えれば、反省の弁のひとつもあったほうがいいことは、もちろんわかっている。だが、「私が悪うございました」と調書に取られれば、正久親分はそれを読んで、どう思うか。

「なんや、こいつ、しょうもない」

評価はガタ落ちになる。

だから私は強気でカッコが取れる調書を意識した。竹中組は、やった行為より逮捕されたときの警察に対する態度――すなわち「警察根性」で評価されるのだ。

親分や組幹部の顔色をうかがう処し方に異論はあるだろう。男伊達《おとこだて》を売るやくざとして潔さに欠けるといわれればそうかもしれない。だが、大望を抱き、出世はそれを実現するためのステップとするなら、親分の評価を得るために渾身《こんしん》の努力をすべきではないか。これは社会の裏も表も関係なく、人間社会の王道だと私は思っている。

トップの評価を念頭に置く処し方はゴマすりとは似て非なるものだ。ゴマすりは、たとえていえば犬がエサを求めて飼い主に尻尾を振るようなものだが、強気の調書はやくざとしての矜持《きょうじ》でもある。

「悟はたいしたもんやないか」

私は正久親分にそう評価してもらいたかった。

だが、やくざの矜持は裁判では決してプラスにはならない。懲役一年の実刑を言い渡された。カタギとは知らず、木刀でケガをさせたことは事実だ。そのことは弁解しないが、私は日本刀で斬られ、刺されている。瀕死の重傷を負ったのだ。それなのに加害者は示談成立がきいて執行猶予。「被害者」の私だけが実刑を食らった。

納得がいかない。

私は控訴したが、二審で控訴棄却。頭に来て最高裁に上告した。ところが正久親分から手紙が来た。ある案件で正久親分は拘置所に勾留されており、私は上告したことを手紙で報告しておいた。

それに対する返信である。


拝啓　便り有難う。

すぐ返事をと思い明日出そうと思って居《お》りましたところ夜の七時半頃に、接見禁止になったからと部長さんが云《い》って来ました。

そうゆう訳けで返事が、出せなかったが、辛抱してくれ。

接見禁止は次回公判迄《まで》となって居りますのでこの便りは前もって書いてすぐ出せる様にして置きました。

便りによれば、上告中との事ですが、そんな無駄な事をせずに早く務めに行く様にせよ。

そうする事が、一日も早く娑婆《しゃば》に出所出来る事だと思うのです。

お前にはお前の考へがあると思うが……。

今度はお前も精神てきにも良い修養になった事と思うが、今この気持をいつ迄も忘れる事なく、出所出来れば、お前も一人前の人間になれると思います。

又われ〳〵頭の悪い人間は頭を打ちながら、一つ〳〵覚えて一人前になっていくのだと思うのです。

今度の俺の事件も、前と同じ様に積《つま》らぬ事件です。証人も十人位い居るとの事です。

俺に関係のない者もかなり居るとの事です。

こんな証人を呼んでもなんの役にもたゝぬと思うのですが……。

又公判も長く掛かりそうです。

では今日はこの辺でくれ〴〵も体には気を付けて。

悟へ

正久

親分が「枝《えだ》」の若い衆に手紙を書くことなどありえない。しかも随所に「です」「ます」の丁重な文面だ。正久親分は情にも篤い人だった。

だが、やくざにとって情とはなんなのか。正久親分は武闘派として知られ、その風貌どおり気性の激しい人だった。やくざである以上、懲役に行くのは当然とし、むしろ懲役によってやくざは磨かれるとする。仮釈放をもらうには組織離脱が絶対条件になるため、

「おまえ、仮釈《かりしゃく》はもらわれへんど」

とクギを刺す。

正久親分は仮釈を絶対に認めない。仮釈が欲しくて組織を離脱しようなどやくざとして辛抱が足りないとする。だから「ウソでもいいから離脱届を出して仮釈をもらえ」とは言わない。やくざであることを曲げてまで若い衆に情をかけることはない。竹中組の激しさと強さはここに原点がある。

一方、私の直接の親分である坂本義一の情は正久親分とは違う。自身が十年という長い懲役に行って苦労していることから、若い者を懲役に行かせるようなことはできるだけ避けようとする。若い衆にしてみれば、この情はありがたい。だが、やくざ組織が武闘力をシノギの源泉とする以上、組織論としては正久親分のように懲役に行くのは当然とすべきだろう。

坂本会長の若い衆にかける情は、一般社会では人格者とされるが、やくざトップのありようとしてはどうなのか。

どちらの処し方が正しいのか、私にはわからない。拠《よ》って立つ価値観の違いであって、たぶん、どちらも正しいのだろう。「組織の規律とトップの情」は永遠について回る矛盾であり、私自身、義竜会でカタギになって設立したNPO法人（特定非営利活動法人）「五仁會《ごじんかい》」で、トップとしてこの矛盾に、つねに頭を悩ませてきたのだった。

正久親分から手紙をもらってすぐに上告を取り下げた。木刀を振るっただけで、懲役一年の実刑判決を食らった。釈然としない思いを抱いたまま、私は神戸《こうべ》刑務所に落ちていくのだった。

刺青を入れる

刺青は保釈で出ているあいだに入れた。前に書いたように、大崎組と手打ちしたことに私がムクれ、「悟は顔見せへんが、どないしてんのや。やくざ続ける気あるんかい」という坂本会長のひと言で決心した。

坂本会長の言葉を私に教えてくれたのは、私の弟分である小林英雄で、

「兄貴、わし、刺青入れますわ」

と言いに来たときのことだった。

あとで振り返れば、坂本会長は私が拗《す》ねて事務所に来ないことをわかっていて、わざと挑発するようなことを言ったのかもしれないが、

「よっしゃ、わしも刺青入れたろやないか」

と私はムキになったのである。

それともうひとつ。収監されるなら刺青を入れていたほうが、ほかの受刑者に対してカッコがつくという思いもあった。

さて、誰に突いてもらうか。

当時はいまのようにタトゥーが流行っている時代ではなかったので、店もあまりなかった。それぞれ親分は好きな彫師を抱えていて、たとえば後年、私が舎弟となる古川組・古川雅章組長（初代大平組舎弟頭、初代古川組）であれば、仙台《せんだい》から専属の彫師を呼び、古川組長がカネを出して若い衆に突かせていた。

ところが竹中組は竹中正久親分も、兄弟の武も正も刺青を入れていない。刺青は入れるの

も矜持なら、入れないのも矜持だ。身体に刺青を彫ることで生涯をやくざで生きていく証しとするなら、あえて刺青を入れず、人の目には見えない心に彫ることで証しにするという生き方だ。三代目山口組の田岡一雄親分が刺青を入れなかったのはよく知られているとおりだ。当時、若かった私にそういう深い考えはなく、刺青は刑務所に入るときの見栄《みえ》のためだったのである。

正久親分が刺青を入れていないこともあり、竹中組には御用達《ごようたし》の彫師がいなかった。

「おまえ、どこで彫るつもりや」

と小林に問うと、

「彫永《ほりなが》にしよう思うてますねん」

と言う。

竹中組の組員の多くは姫路市の隣町である加古川《かこがわ》市別府町《べふちょう》に店を構える彫永に突いてもらっていた。

「坂本会長の唐獅子牡丹《からじしぼたん》は彫永やったたな。なら、わしも彫永にするわ」

その場で決めた。

当時、名古屋《なごや》に彫光《ほりみつ》という日本一の彫師がおり、伝え聞くところでは、彫永は「わては彫光の弟子や」と語っているということだった。自称であって、真偽のほどはわからなかったが、公判中であり、時間がないので、私はすぐに小林と連れ立って彫永を訪ねた。

「で、悟さん、何入れるんや？」

彫永に聞かれたので、

「先生に任せます」

と答えた。

彫永が龍の絵柄が得意であることは竹中組では知られていた。任せれば龍を入れるだろう。彫ってもらうなら、彫師が得意なものがいい。そう思ってお任せにしたのだが、案の定、

「わてが好きなんは龍やで。悟さん、それでええんかい」

と言った。

私は両肩に青い龍、小林はグリーンの龍を片方の肩に入れることにした。彫永は当時四十歳くらい。彫師として脂が乗り切った年代であることはわかるが、下絵も描かず、いきなりフリーハンドで、筋だけ電気で描いた。

これには私も驚いた。

「なんや、先生。下絵くらい描かなあかんがな」

私の性分からすれば、即座に抗議するところだが、

（この先生、下絵も描かんと大丈夫かいな。えらい彫師に当たってもうたな）

と言葉を呑《の》み込み、ぐっと我慢した。

なぜ、黙っていたかというと、刺青を入れる話を正久親分にしたとき、私にこうクギを刺したからだ。

「悟、男を売るんやったら、まずは彫師に、おまえのええとこ出していかなあかんぞ」

彫師は仕事柄、あちこちのやくざに会う。当然、ほかの組織の若い者の話題になり、どこそこの組の誰それは痛がりだったとか、たいした器量だったとか、カネを払わなかったといった話をする。それが噂《うわさ》になり、評価になっていくのだと正久親分は言った。

「悟、痛い言うなよ」

「カネもちゃんと払わなあかんぞ」

私は親分の言いつけを守った。彫永に「任せます」と言った以上、あれこれ言ったのでは男が下がる。だから余計なことはいっさい口にしなかった。「痛い」の「イの字」も言わなかった。当時はカネもないので、一回ごとに払うようにした。

下絵を描かないから、その分だけ作業が早い。保釈中に完成させたかったので、両肩とも

一度に入れ、五回で仕上がった。しかも彫永が得意とする龍である。出来栄えに私は満足だった。

(これで、いつ収監されてもいい)

ひとまず安堵《あんど》したのだった。

それから数日後、当番で竹中組の本部事務所に行くと、正久親分がすぐに二階の自室から下りてきた。親分は好き嫌いがハッキリしており、気に入らない当番であれば事務所に顔を見せることはない。そのことを知っているだけに、私はうれしかった。

頭を下げる私に、正久親分が懲役の心得を諭してくれた。

「悟、職員の言うこと、よう聞けよ」

「刑務所で事故起こしたらあかんど」

「じっくり落ち着いて務めろ。何かあったら、おまえひとりで済まんぞ」

「竹中組の人間もぎょうさん入っとるんやから、おまえがケンカしよったら、竹中組の人間もそいつらとケンカせなあかんようになるんやぞ。おまえだけで済むんやったらええけど、みんなが迷惑するんやぞ」

と諄々《じゅんじゅん》と説いてから、

「刑務所行ったら勉強になるから、若いうちに何回も懲役に行っとうほうがええ。のちのちのためになる。なんでか言うたら、辛抱を覚えるからや。辛抱できんような男は何してもあかんぞ」

そして、

「悟、帰ってきたら、わしの若い衆やな」

と言ってくれた。

坂本会長も立派な親分だ。私は心から尊敬している。それでやくざの道に入った。だが、竹中組にあっては、私の立場は「枝」の組員にすぎない。その私を出所してきたら竹中組の直参《じきさん》に取り立てると、正久親分が直々に言ってくれたのだ。坂本会長が大崎組と手打ちしたことで釈然としないまま下獄していくはずの私は、正久親分のこの言葉に胸を躍らせたのだった。

一九七七（昭和五十二）年十月、私は神戸刑務所に収監される。

神戸刑務所の新入体験

私が初犯で入った神戸刑務所は兵庫県明石《あかし》市にあり、通称「神刑《しんけい》」という。現在、収容定員は約二千人という大規模刑務所で、全国七十五施設のなかで五番目の規模を誇るが、私が入った一九七七（昭和五十二）年当時は建て替え前で、規模もいまの半分程度だった。ちなみに一番の規模は府中《ふちゅう》刑務所である。

意外に知られていないが、刑務所は犯罪歴や刑期の長短によって、次の四つに分けられている。

◎ＬＡ級刑務所——初入者で、執行刑期が十年以上の者を収容する刑務所。山形、千葉、長野、岡山、大分の五施設。

◎Ａ級刑務所——初入者で、執行刑期が八年未満の者を収容する刑務所。黒羽《くろばね》、静岡など各地にある。

◎ＬＢ級刑務所——主に再入者で、執行刑期が十年以上の者を収容する刑務所。札幌《さっぽろ》、

旭川《あさひかわ》、宮城、府中、横浜《よこはま》、岐阜、名古屋、京都、大阪、神戸、広島、徳島、高松《たかまつ》、福岡、長崎、熊本の十六施設。

◎B級刑務所――主に再入者で、執行刑期が十年未満の者を収容する刑務所。網走《あばしり》、青森、府中、横浜、名古屋、大阪、京都、神戸、広島、福岡など各地にあるが、神戸刑務所のように十年以上（LB）の受刑者が収容されている施設もある。

A級が初入者、B級が再入者で、その上にL（Long）がつけば長期刑ということになる。ごらんのとおり、B級はやくざの記事を扱う実話系雑誌でおなじみの刑務所となっている。初入者の私は本来、A級刑務所のはずだが、犯罪傾向が進んでいる者や現役やくざは初犯でも再犯刑務所に送られるのだ。

何しろ私は矯正施設に入ること自体が初体験で、少年院にも行っていない。姫路は暴走族や愚連隊《ぐれんたい》が多く、駅前をブラブラして恐喝するのがやくざの登竜門であったが、私はそうした経験すらない。鑑別所にこそ一回は行ってはいるが、独居であったため、ほかの受刑者と一緒に過ごす雑居房は初めての経験で、まるっきりの初心者である。少年院上がりをやくざの「エリート」とするなら、私は中学、高校を飛び級して、いきなりB、LB級刑務所という「名門大学」に入学するようなものだった。

だから刺青も入れた。

（ナメられてたまるか）

私はとんがっていた。

話には聞いていたが、入所時の裸検診には驚いた。

裸にさせられ、

「手上げ！　足上げ！」

係官の指示で手を上げ、足を上げ終わったところで、

「尻《ケツ》を上げい！」

何か隠し持っていないか、ケツの穴まで見られた。これが最大の屈辱だとやくざたちは口をそろえるが、どこか醒《さ》めていて性格的に適応性がある私は、

（ごっついことするねんやな）

驚きながらも、妙な感心をしていた。

身体検査では刺青や傷痕がないか、男性器に真珠などの異物を入れていないか、さらに知能テスト、適性検査、健康診断などが一日おきくらいに行われる。あとの項でくわしく説明

するが、歯ブラシの柄《え》など異物を男性器に入れるのは自傷行為として懲罰の対象になるため、事前検査でチェックされるわけだ。

次いで、どんな作業が向いているか、工場配役《はいえき》の適性検査と新入訓練が二週間ほど行われる。紙貼りで袋をつくったり、洗濯バサミをつくったりするなど刑務所の隠語でいう「モタ仕事」をやらせて性格などを見る。ちなみに「モタ」は「モタモタする」から取った隠語で、年寄りにさせる仕事を指す。

このほか、配役を決めるに際して考慮されるのは、①職歴、②知能指数、③心身の状況（持病、血圧、視力、薬物乱用の前歴等）、④本人の希望・将来の生活設計・更生の意欲などとなっている。

新入訓練はキツい。

ハンパじゃない。

隊列を組んでの行進から始まり、徹底的にシゴかれる。刑務所内では工場から舎房への行き帰りはもちろん、すべての移動は行進によって行われる。団体で移動する際は二列縦隊。旧日本軍式の行進で、太ももを九十度に上げ、手は地面と水平になるよう大きく振り、

「連続呼称！」

刑務官の号令で、

「オッチニー！　オッチニー！」

全員がかけ声をかけながら運動場をグルグル行進させられる。刑務所によっては「左！　右！　左！　右！」というかけ声もある。

延々と行進させられ、

「全体〜止まれ」

刑務官の号令でようやく終わる。

この段階で早くも顎が上がるが、本当につらいのはこのあとで、私が初入のころは続けてウサギ跳びをやらされる。膝を痛めるため、いまはスポーツ選手でもやらない。シャバで気ままな生活を送ってきた受刑者たちにとっては拷問である。たしか当時、神戸刑務所は運動場が大小二つあり、大きいほうであれば二周、小さいほうなら五周で、足がちぎれそうになるまでやらされた。

こうして二週間ほどの新入訓練が終わると工場配役となるのだが、どの工場に回されるかは、ムショ生活の善し悪《あ》しにかかわってくる。受刑者の最大の関心事で、当然ながら楽な作業がいいに決まっているのだ。

懲役と工場の仕事

新入訓練の終わりごろに配役審査会が開かれる。

所長以下十名ほどの幹部による面接で、事件のことや仕事のことなど、さまざまな質問がされる。いちおう希望する作業も聞かれはするが、それがかなうかどうかは別問題だ。懲役とは字のごとく刑罰としての強制労働であるため、指定された工場と職種は拒否することが許されない。

当時、刑務作業は大きく分けて以下の三つがあった。

①生産作業
どこの刑務所も似たり寄ったりで、神戸刑務所は木工（家具の製作）、印刷（カタログなど各種印刷）、洋裁（衣服や寝具の縫製）、金属（溶接や電子部品の組み立てなど）、革工（靴の縫製）などがあり、いちばん多くの受刑者が配役されている。

②職業訓練

模範囚だけが対象となる。電気工事、フォークリフトの運転、自動車整備など職業訓練に資するが、当然ながら誰もがつけるわけではない。

③自営作業

刑務所の運営にかかわる作業だ。図書夫、計算夫、雑役夫、炊事夫、営繕夫などがある。

図書夫は本の貸し出しや、受刑者が希望する私物の本の購入、新聞の配布などの作業。

計算夫は工場における生産実績の報告書を書いたり、受刑者への報奨金を計算したりする。

雑役夫は受刑者が希望する日用品の購入受付から洗濯物の手配まで、文字どおり雑役にあたるが、舎房や工場のあいだを行き来できることから「鳩《はと》」（受刑者同士の伝達）をやって受刑者に重宝がられる。

炊事夫は受刑者たちの食事をつくる。重労働だが、延長食（特別食）が食べられるという役得がある。

営繕夫は施設の修理をする。大工や左官などをやっていた受刑者が多い。

現在は「社会貢献作業」を加えた四つとなっている。

さらに前項で触れたように、高齢者など普通の刑務作業ができない受刑者が行く「モタ工」、そしてやくざが多く在籍する工場を「サムライ工場」という。

さて、私である。

配役審査会を間近にして、希望工場をどこにするか思案していると、

「竹垣はん、洋裁工場が楽でええよ」

と同房の福田万吉（具万吉）という要領のいい韓国のおっさんが言う。

「ミシン踏んで、ブーンと動かしとったらええねんから、女でもできるような仕事や。わし、年やから、いつも洋裁ばっかりやねん」

「フーン」

「そやけど」

「なんやねん」

「あんた、若いから洋裁工場は無理かもしれへんな。たぶん金属工場ちゃうかな。あそこはサムライ工場や。寒いし、肉体労働やし、かなわんで」

そうだろうなと思った。私は二十六歳。福田のおっさんの半分以下の年齢である。だが、

できることなら洋裁工場に行かせてもらいたいものだ。

(何かいい方法はないものか)

消灯後、私は天井を見つめながら思案した。

面接審査会は相当に厳しいものだと聞いている。神戸刑務所は百戦錬磨の再犯受刑者たちが相手なのでそうでもないが、初入者が入るA級刑務所となると、面接はすさまじいという。わざと意地の悪い質問をし、受刑者が返答につまるや怒声を浴びせかけるのだ。カタギの受刑者のなかには恐怖と屈辱で震え出す者もいるという。配役前にガツンとカマしておくことで自分たちの権威を誇示し、処遇をやりやすくするという狙いがあるのだろう。

「楽やから、洋裁工場、ヨロシク」

そんな軽口が叩ける相手ではないのだ。

そして迎えた配役審査会。

「希望の工場はあるか」

面接の最後に、気のない、つけ足しのような口調で問われた。

私はうなずくと、ハキハキした口調で言った。

「洋裁工場を希望します。じつは、私は姫路の駅前で蛇《じゃ》の目《め》ミシン(現ジャノメ)の街頭セールスの仕事しとったことがあるんですわ。せやから、ミシンもバリバリ踏めます」

「そうか、ミシンの街頭セールスをな」

分類課長がうなずきながら私の身分帳に目を落とした。職歴の欄を見ているのだろうが、職歴にそんなことはもちろん書いていない。セールスどころか、ミシンなど生まれてこの方、触ったこともない。

だが、やくざの「掛け合い」(談判)はアゴ(話術)が勝負で、これにはいささか自信がある。「希望」を前面に押し出したのでは土下座の「お願い」になってしまい、相手は無意識にサディスティックな感情が芽生えてくる。いたぶりの感情であり、人間はそうしたものだ。

だから私はあえてお願いの色を薄め、「蛇の目ミシン」という固有名詞を出し、「駅前で街頭セールス」「バリバリ踏めます」と実際に私がセールスしている姿を喚起することに注力したのである。

課長が軽くうなずくのを見て、私はこのとき確信した。三日後、配役先が発表された。私は洋裁工場だった。

私の記憶では当時、神戸刑務所には十五ほどの工場があり、そのうち三つが洋裁工場だった。洋裁工場では合羽《かっぱ》を縫製していた。濃紺の大人用の合羽で、最初は「ケバ取り」をやらされる。「糸切り」ともいい、縫い合わせたときにできる「余り部分」を取り除く作業だ。楽も楽で、最低のラクチン仕事。洋裁工場では配役になった全員をまずこの作業につけて担当刑務官が適性を見る。おっちょこちょいは危なっかしくてミシンを踏ませられないからだ。ケガは刑務所の管理責任が問われるため、最もナーバスになることなのだ。「ケバ取り」を見て大丈夫となれば、次にアイロン、そして最後がミシンがけになる。

だが、これはいま振り返って思うことだが、洋裁工場はたしかに楽だったが、やくざとして将来のことを考えたら、金属工場に配役されていたほうがよかったかもしれない。現役やくざが多く配役される「サムライ工場」なので、将来が嘱望される若手のバリバリとも知り合えていただろうし、いろいろな意味で勉強になっていたはずだ。力仕事なので身体も鍛えられた。それに引き換え、洋裁工場は半数がカタギの年寄りで、仕事を楽した分だけ学びも少なかった。

私はたまたま懲役を通じてそのことを悟ったが、これはどんな分野においてもいえることだと思う。農家の人は丹精を込めて耕すことで立派な農作物を収穫する。漁師もビジネスマンもスポーツ選手も、楽をすれば、それに見合うだけのものしか手にすることはできない。

「成果は努力に比例する」

懲役で私が学んだことのひとつである。

ナメられてたまるか！

当時、受刑者の大半は雑居房に入れられた。広さは八坪（十六畳）の畳部屋で、室内に洗面とトイレとテレビがついている。定員八名だから、ひとりあたりに与えられるスペースは単純計算で畳二畳ということになるが、布団も畳んで置いておくので実質一畳ほどだ。トイレも外からなかが見えるようになっているため、雑居房にプライバシーは皆無。この狭い閉鎖空間で年齢も生育環境も異なる他人同士が鼻を突き合わせて生活する。

だからムショ生活で難儀するのは人間関係だ。たった八人の舎房であっても、集団においては必ず序列ができる。ナメられたら最後、出所するまで風下に立たされてしまう。いじめにもあう。私が神戸刑務所に入った当時、三鬼陽之助《みきようのすけ》という著名な経済評論家の本が流行っていて、私も読んだが、

「刑務所というのは社会の縮図」

という一文を読んで、

（なるほど、うまいことを言う）

と感心したことを、いまも覚えている。

私が入った雑居房はやくざのほか、西成《にしなり》のおっさん、泥棒、覚醒剤など八名がいた。神戸刑務所は再入者ばかりなので懲役馴《な》れしているが、私は右も左もわからない。私が竹中組の看板を背負う現役やくざであっても、いや、現役だからこそ、新入者で、しかも初犯となれば、駆け出しだと思われ、ナメられてしまう。

工場においてもそうだ。

どうするか。

（まず、目立つことだ）

そう思った。

舎房衣、工場衣、パジャマは官衣が支給され、着用は強制である。着古していて破れかけた部分があると、刑務官に糸をもらって自分で補修する。縫い目が目立たないように黒い糸を使用するが、私はあえて白い糸をもらって縫った。黄緑色の工場衣に白い糸はどこから見ても目立つ。

「誰や、あいつ？」

「竹中組の竹垣や」

ひと目でわかるように工夫《くふう》した。男を売るなら目立ってなんぼというわけだ。

入所前、竹中正久親分はムショでは辛抱が大事だと私を何度も諭した。実際、ムショで人望を集めるのは懐が深く、煮え湯でも飲めるような器が大きな人間だ。隔離された世界で鼻を突き合わせ、辛抱しながら生活をしているのだから、神経質で、ちょっとしたことでカッとなる人間はいやがられる。逆説的にいえば、そういう特殊な世界だからこそ、そこで得る人望は本物ということになる。刑務所での評判はやくざでいるかぎり、いつまでもついて回ることになる。

「辛抱できんような男は何してもあかんぞ」

「刑務所行ったら勉強になる」

正久親分のこの言葉は、そういうことを言っているのだが、初入で若造の私にとって、刑務所は体験入学みたいなもので、そこまでの理解がおよばず、

（ナメられてたまるか）

と、そのことばかり考えていたのだった。

名前を売るのに手っ取り早いのはケンカだが、懲罰を食ってしまう。懲罰房に入れられる

のはともかく、担当刑務官の心証が悪くなる。ムショにおいては担当が絶対であるため、目をつけられると何かにつけてマイナスに作用する。

ケンカせずして存在感を示すにはどうするか。

じっとチャンスを待っていると、同房の大岩という懲役馴れしたおっさんが昼の休憩のとき、私をおちょくるようなことを言った。

（よし、こいつだ）

私は黙ってやりすごしておいて、このおっさんをターゲットに決めたのである。

その日の夜中、刑務官による四十五分ごとの夜間見回りが通り過ぎるのを待って、鼾《いびき》をかいて眠っているおっさんの足をトントンと叩いた。おっさんがムニャムニャ言って寝ぼけ眼を開けるや、私は両手に箸を持ち、大岩をにらみつけ、

「コラッ、おっさん、もういっぺん言うてみい！」

と怒鳴りつけたのである。

同房の者たちが驚いて飛び起きる。おっさんは肝をつぶして、アワワワワと唇を震わせて声が出なかった。

そして翌日――私の狙いどおり、この話がヒソヒソ話になって工場中に伝わる。噂は拡散

するにつれて尾ひれがついてふくらんでいく。

「竹垣は怒らしたらヤバイでぇ」

「竹中組のイケイケなんやてな」

こうして私は一目《いちもく》置かれるようになるのだ。

大岩のおっさんがビビったからうまくいったが、居直っていればケンカになったろうし、叫び声を上げれば刑務官がすっ飛んできて大騒ぎになっていただろう。だが、何ごともやってみなければわからない。馬券は買わなければ稼げないのと同じで、一回は元金を投じなければならないのだ。こうして私は出所するまでメンツを保ったのである。

このときの経験からつくづく思うのは、評判が持つ力だ。会社だって噂や評判が大事だ。自分では有能だと自信を持っていても、

「あいつはグズや」

という評判が立てば、それはグズなのだ。

反対に実際はグズであっても、

「あいつは優秀や」

と噂されれば優秀な人間になってしまう。自分という人間は他人の評価で規定される。こ

れが人間社会であり、やくざはこのことを熟知しているからメンツに命を懸ける。要は、どういう懸け方をするか、方法論の問題なのである。

いまは能力主義の時代だといわれる。スキルがどうの、資格取得がどうのということばかり強調されるようだが、私にいわせれば、「自分をどう売るか、どう見せるか、どういう評判を立てさせるか」という自己プロデュース力も、じつは重要な能力のひとつであると思うのである。

ムショで出会った中野太郎

人生は出会いによって右にも左にも跳ねていく。どこに跳ねていくか意志がおよばないことからラグビーボールにたとえられるが、「意志がおよばない」ということにおいて、私は「出会い」を「縁」と呼んでいる。

縁はひと筋縄ではいかず、良縁もあれば悪縁もある。七十二年の半生を振り返れば、良縁に見えて、じつは悪縁であったということが少なからずあるし、その逆もある。このことから、先人は日々の出来事に一喜一憂することの愚かさを「禍福は糾《あざな》える縄のごとし」と喝

◉中野太郎（左）

破したのだろうと私は思っている。

だが、偶然という縁に見えながらも、出会うべき人とは必ず出会っている。ここに人生の不思議さがある。出会ったときは「必然の出会い」とは気づかず、人生経験を経て来し方を振り返ったときに、

（あの人との出会いは偶然に見えて、じつは神さまの引き合わせやったんやな）

と腑《ふ》に落ちて納得するのである。

中野太郎との出会いも縁としかいいようがない。私が初入した神戸刑務所に中野太郎も入ってきた。

「あの人が〝ケンカ太郎〟や」

工場の昼休みに耳打ちされたが、私はピンとこなかった。

「ケンカ太郎？」

「ヤマケンの中野太郎やないか。知らんのか？」

「知っとるがな」

山健組となれば同じ山口組だ。知らないと言ったのでは恥をかく。私はカッコをつけてそうは言ったものの、名前は聞いたような気がするという程度だった。

私が二十代半ば過ぎだったから、中野太郎は四十歳前後だ。中野太郎が山口組の直参になるのは渡辺芳則が五代目を継ぐ一九八九（平成元）年だから、私が出会ったときは初代山健組の直参で、健竜会の相談役だったことになる。

背が高く、夏だったので半袖の懲役の服を着ていた。刺青が腕の八分袖まであったのが印象に残っているが、背が高いこのやくざは、いつもニコニコしていて、

（温厚な人やな）

そう思っていた。

そのやくざが瞬間湯沸かし器で、「泣く子も黙るケンカ太郎」の異名があるとのちに知って驚くのだが、とてもそんな人には見えなかった。

だが、さすがヤマケンの直参だ。中野太郎には池田修という若い衆がついていて、ムショ

内で世話を焼いていた。工場から舎房に帰るときに靴とスリッパを履き替えるのだが、池田が刑務官の目を盗んで、サッと中野太郎のスリッパを用意する。刑務官もそのことはわかっていて、見て見ぬふりをしているのだが、

「池田、そんなことせんでもええぞ」

と中野太郎が言うのを、私はたまたま耳にして、

（この人、ええ人やな）

本気でそう思ったものだ。

池田は若い衆とはいっても、初代山健組・村正会の舎弟である。武闘派で村正会を継ぐ実力者と目されていたが、服役したため、代目《だいめ》継承は実現できなかった。そんな池田が中野太郎に心酔して「草履取り」をやっているのだ。池田も立派なら、心酔させる中野太郎もたいしたものだが、さらに「そんなことせんでもええぞ」と池田をいたわってみせる。男の器量というものを目の当たりにして、私は竹中正久親分が「刑務所は勉強になる」と何度も言った意味が理解できたのだった。

あとで思えば、中野太郎が物静かだったのは、ムショでは自分の短気というものを抑えていたのだろう。これもまた正久親分が言う辛抱であり、中野太郎は「克己心」という砥石《といし》で

自分を磨いていたということになる。「ケンカ太郎」のもうひとつの顔だった。

その中野太郎に、私は自省を促されたことがある。副担当がことあるごとに私を目の敵にするため、頭にきて一発カマす肚《はら》を固めていた。懲罰は覚悟のうえだ。要領よく立ち回るのがムショでの知恵というもので、絶対権力者の刑務官に手を出すなど天に唾する行為以外の何物でもない。

だが、目の敵にされているのがわかっていながら唯々諾々とそれに従えば、ほかのやくざたちの目に私はどう映るだろうか。刑務官には手が出せないものとわかってはいても、ふがいないと思うだろう。笑いのタネにされるかもしれない。男としてやるしかなった。

チャンスをうかがい、背後から副担当に飛びかかろうとした、まさにその刹那だった。

「やめとけ」

中野太郎が低い声で私を制してから、

「わし、竹中の組長に頼まれとうから、やめとけ」

そう言ったのである。

このとき初めて、私の神戸刑務所入所に際して正久親分が中野太郎に「ハネッ返り」の私のことを託してくれていたことを知る。

正久親分は初代山健組の山本健一組長と仲がよく、ヤマケン一派といってよかった。しかも山健組の直参である中野太郎は姫路にいたことがあり、姫路を本拠地とする竹中組とはいつきあいをしていたともいう。さらにいえば、正久親分と中野太郎は同じ時期に懲役に行き、新入考査で一緒になり、気心が合ったともいう。

初入であることから、正久親分が私のことを心配して中野太郎に面倒を見てくれるよう口をきいてくれた。この親心に頭が下がる思いだった。中野太郎はしばらくして結核で病舎に移り、私とは別れることになる。

その中野会に後年、曲折を経て私が移籍し、中野太郎の側近として仕えることになろうとは、このときは思いもしなかった。振り返れば、神戸刑務所での出会いを通じて、「この人なら」という思いが、ずっと心の隅で息づいていたからだろう。

第2章 人生で必要なことは、すべて獄中で学んだ

刑務所の一日

刑務所に入ると健康になるといわれる。規則正しい生活、十分な睡眠、そして適度な運動と栄養バランスを考えた食事。シャバにいるときは酒だ、博奕《ばくち》だ、女だと不健康を絵に描いたような生活をしていたやくざにしてみれば、税金で健康にしてもらっているようなものだ。だが、身体はいくら健康になっても、社会と隔離された塀の中での不自由な生活と人間関係は相当のストレスである。だから「ムショには二度と行きたくない」と誰もが口をそろえる。それなのに、私が渡世上の成り行きとはいえ五回も行って耐えられたのは、たぶん育った境遇によって環境適応能力が人一倍すぐれていたからだろう。

私は母子家庭で育った。くわしくは拙著『極道ぶっちゃけ話』に書いたが、小学生のとき、生活環境の問題もあって、私は他人の家に預けられた。諸般の事情で小学校を五回ほど転校している。大人の顔色を読むことで環境になじむように努力した。いま思えば、生きていくための悲しい努力だったが、人生にムダなしとはよくいったもので、こうした苦労と経験が刑務所で生きた。

だから人間関係も苦にならない。刑務所の規則正しい生活は、生活のリズムができて体調にもよかった。

「悟、辛抱やで」

と竹中正久親分が何度も言ったが、私の場合、「辛抱」は刑務所の生活に馴れるまでの話で、馴れてしまえば、どうってことはなかった。

刑務所の一日がどんなものか、ざっと説明しておこう。

役務は完全な週休二日制で、月曜日から金曜日までを「就業日」といい、土曜、日曜、祝日、年末年始、夏期休業日を「免業日」という。

以下、刑務所によって多少の時間のズレがあったが、当時の就業日の基本的なスケジュールだ。

◎六時五十分　起床。すぐに布団を畳み、着替えて正座。
◎七時　点呼。
◎七時十分〜二十五分　朝食、洗面、トイレ。
◎七時四十分　舎房を出て、整列行進で工場に向かう。

◎八時　刑務作業開始（午前中十五分の小休止）。
◎十二時　昼食
◎十二時四十分　刑務作業開始（午後中十五分の小休止）。
◎十六時四十分　刑務作業終了。着替え、身体検査、整列行進で舎房に移動。
◎十七時　点呼、夕食。
◎夕食後は十九時まで房での自由時間で、テレビは十八時から見られる。
◎二十一時　消灯。

入浴は週二回（夏場は三回）。数十人が入れる大きな浴場があり、工場ごとに午後に入る。入浴時間は十五分と決まっており、この時間内に頭と身体を洗い、ひげをそり、浴槽に浸《つ》かる。シャバのように湯船でのんびりしている時間などないが、それでも入浴は食事と並んで受刑者の大きな楽しみなのである。

食事は一日二千二百から二千六百キロカロリーが供給されている。成人男子で一日に必要とされるのは二千キロカロリーだそうだから、国がやることはさすが過不足のない食事だ。メシは麦シャリ（麦飯）で、白米と麦が七対三。正月三が日だけ銀シャリ（米飯）が出る。

米粒だけのメシがこんなに白かったのかと驚くほどだ。

ちなみに食事で出てくる甘いものは「甘シャリ」と呼ぶ。ゼリー、ぜんざい、豆の甘煮などのほか、正月にはクッキーやチョコレートも出る。「慢性的に腹をすかせていると甘いものが欲しくなる」といわれているようだが、ムショにいると甘党になることはたしかだ。ついでながら、うどんやそば、ラーメンなど麺類を「長シャリ」と呼ぶ。

こうした判で押したような生活を、狭い居室で他人と鼻を突き合わせながら、来る日も来る日も刑期が明けるまで続けるのだ。無期刑となれば、仮釈放がもらえるまで三十年以上は務めなければならない。四十、五十歳で走れば、生きてムショを出ることができるかどうか。組事のために長期刑を覚悟でヒットマンになるというのは、まさに全人生を懸けることになる。その重みは懲役を経験したやくざなら身にしみてわかることなのである。

神戸刑務所で竹中正久親分と再会

刑務所に入っても、私は目標とするものが高かった。せっかくの刑務所である。やくざにとって大学である。学んで、耐えて、経験して、自分を磨き上げるのだ。竹中正久親分は、そういうことを絶えず考えながら若手を育てていた人で、自身の刑務所での体験談や、書籍から学んだことなど会えばいろいろな話をしてくれた。武闘派として知られ、その風貌とあいまって想像しにくいだろうが、とても志が高い人だった。

私が正久親分の言葉を胸に秘めながら八工場（洋裁工場）で「ケバ取り」からアイロン係に出世したころだから、一九七八（昭和五十三）年のことだ。午後、運動中だった私はわが目を疑った。

（まさか！）

足を止めて凝視した。

刑務官に付き添われた正久親分が私の目の前を通り過ぎようとしていたのだ。心臓が早鐘を打った。頬が上気する。私は弾《はじ》かれたように直立不動の姿勢を取るや、

「ご苦労さまです！」

腹から声を出して最敬礼したところが、

「悟、こんなとこで挨拶なんかせんでもええ」

チラリと私を見やり、低い声でたしなめるように言った。

刑務所では私語は懲罰の対象になる。正久親分はそのことを気づかってくれたのだが、懲

罰を食らおうとも、私にしてみれば、目礼で済ませるわけにはいかなかったのだ。

ところが付き添いの担当刑務官は私に目をくれることもなく、何ごともなかったように正久親分を連行して通り過ぎていった。

のちの話になるが、肝っ玉が小さいことから神戸刑務所で「毛ジラミ」というあだ名をつけられていた担当がいて、この男が出世し、姫路拘置所のエラいさんになって出向していたときのこと。

面会室で私と顔を合わせると、

「竹垣、竹中は偉いのう。わしら応援しとんのや」

と言った。

(へぇ、毛ジラミのような男でも尊敬してんのかいな)

私は感心したものだ。竹中正久という親分は刑務官にも一目置かれていたからこそ、正久親

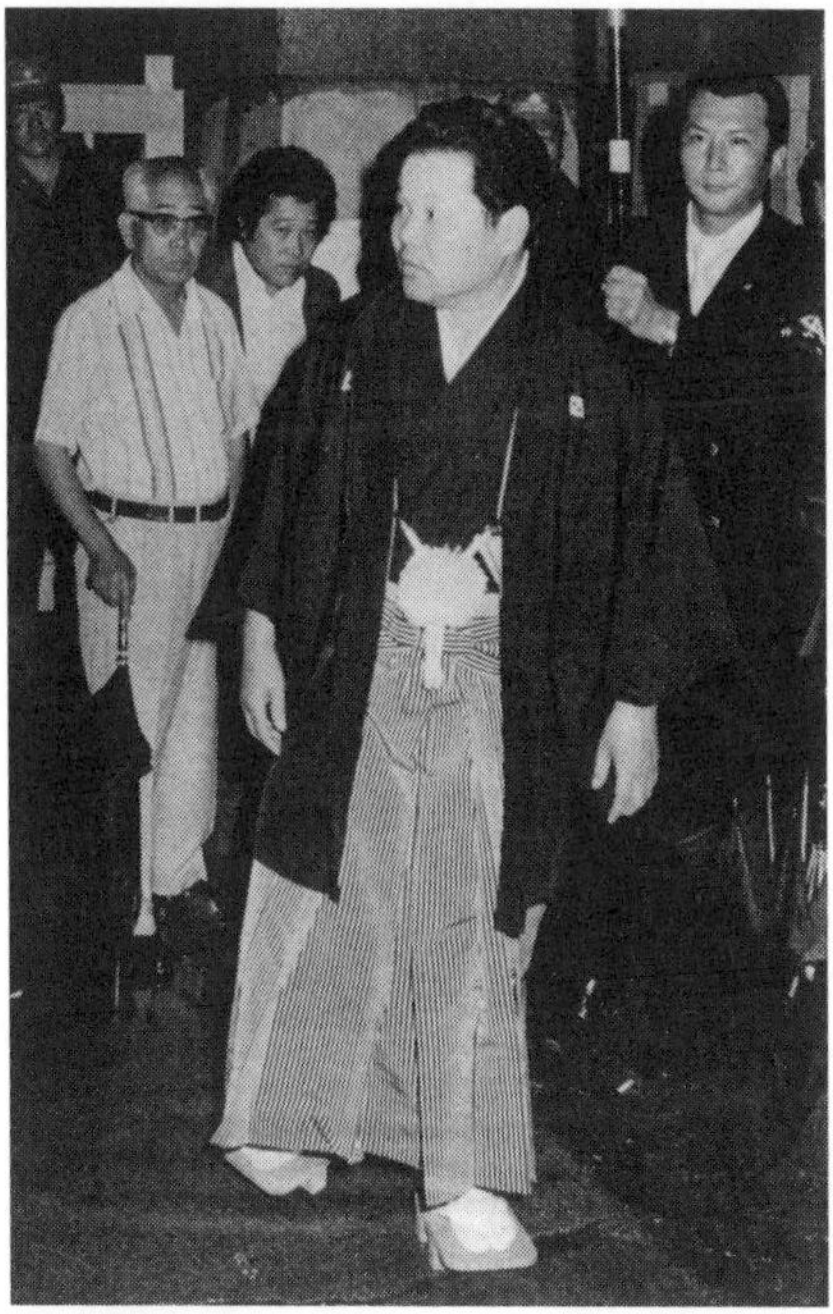
◉竹中正久(中央)

分に声をかけた私は、異例ながら懲罰を食わないで済んだのである。

だが、親の心子知らずで、せっかく刑務所で正久親分と一緒になった私は、

（よっしゃ、親分に根性のあるところを見せたろ）

そう決心し、機会をうかがっていた。

チャンスは間もなくやってきた。

私が出役している工場は四十人ほどが作業していたが、私は「キューピー」のあだ名で有名だった河野《こうの》という担当に目をかけてもらっていた。いつも「キューピー」が立っている担当台の前で作業服とかパジャマにアイロンを当てていた。だから「キューピー」がいるときはいいのだが、「キューピー」がいないときが問題で、代わりにやってくる交代担当とソリが合わなかった。交代担当からなんだかんだ難癖をつけられ、頭にきてにらみつけると、

「なんだ、その目は！　反抗するのか！」

と怒鳴りつけられ、「ビックリ箱」に放り込まれた。

ビックリ箱というのは畳半畳ほどの個室トイレのようなもので、ドアには窓がなく、なかに腰をかける板が一枚あるだけだ。外から鍵がかけられ、なかから開けることはできない。ドアの下の三十センチほどが開いているので、板に座っていると足と履き物が見える。新入

調べ室や面会室の近くに並べて設置されているのが普通で、受刑者の一時待合室として使用されているが、それとは別に懲罰一歩手前の者が放り込まれたりする。腰かけ板に長いこと座っていると尻が痛くなり、私を目の敵にする交代担当にムラムラと腹が立ってくるというわけだ。

で、ある日のこと。

「竹垣、静かにせんかい！」

作業中、交代担当が大声で注意した。

正久親分に根性のあるところを見せるチャンスだ。

「何もしゃべっとらへんやないかい！」

私が怒鳴り返した。

「担当抗弁だぞ！」

「好きにしろ！」

私はケツをまくったのである。

担当抗弁とは「口答え」のことで、これは懲罰の対象になる。私はそれを承知で言い返したのだ。腹が立ったこともあるが、感情的になって言い返したわけではない。懲役一年という「しょんべん刑」であっても、刑務所での噂や評価は出所してからもずっとついて回るという話を正久親分から何度も聞いている。

「竹垣は刑務所でどないやった？」

「交代担当にいじくられて、おとなしいにシュンとしてましたがな」

こう言われたのではカッコがつかない。

「うるさかったでっせ」

「しっかりしてましたで」

こう言われるようにしなければならないと思っていた。しかも、いま神戸刑務所には正久親分がいる。「悟は根性あるやないか」——こう評価してもらえるだろう。だから担当抗弁を承知でケツをまくったのである。

私は懲罰に落ちる。当時、神戸刑務所は三舎が主に懲罰で、建て替える前の懲罰房は窓の位置が手が届かないほど高く、四面を壁で囲まれている。受罰姿勢といって、足は正座か胡座《あぐら》で、顔は正面に向け、手は太ももの上に置いて姿勢を正し、一日を過ごすのだ。

懲罰はつらいが、親分に根性を見せたし、刑務所ではうるさかったという評判もついて回るだろう。気分は晴れやかだった。

刑務所で知る「仲裁の器量」

竹中正久親分に根性のあるところを見せようと、あえて担当抗弁した私は、懲罰を終えると、それまでの八工場から三工場に回された。

三工場には前に紹介したように中野太郎の「草履取り」をしていた池田修がいたのだが、ここに加茂田組の井内明が八工場から下りてきた。私と由崎憲一、それに井内を加えた三人は前の工場でいいつきあいをしていたのだ。しかし、どういう行き違いがあったのか、由崎と井内がケンカになったそうである。

だが、ほかの工場でのことだ。

（大事にいたることはあるまい）

と思っていたところが、これに池田がいきり立ったのだ。

「うちの人間とケンカした加茂田組の者《もん》を同じ工場に置いとくわけにはいきまへんねん」

険しい顔で私に言ったのである。

山健組も加茂田組も、同じ山口組とはいえ、ライバル意識はもちろんある。山健組の山本健一組長は山口組の若頭、一方、加茂田組の加茂田重政組長（三代目山口組組長代行補佐、のちに一和会副会長兼理事長）は一九六〇（昭和三十五）年八月の「明友会事件」の立て役者で、山口組はこの抗争に勝利したことで大阪進出の足がかりをつくる。加茂田組長は長期刑の務めを千葉刑務所で終え、売り出し中の親分だった。

となれば、村正会舎弟の池田がカチンときた気持ちはわかる。やくざは服役中であっても、それぞれが組の看板を背負《しょ》っているのだ。池田が中野太郎の「草履取り」をしていたことはすでに紹介したが、それは池田が山健組の幹部である中野太郎に心酔していたからであって、決して小間使いではない。池田はイケイケの武闘派で、のちに殺人罪で長期服役するような男だ。山健組の人間が加茂田組とケンカになったとなれば、黙って見過ごすわけにはいかなかったのだろう。

「鉄砲玉、飛ばしたる」

私にそう言った。池田は刑務所内にも「鉄砲玉」の若い衆を連れている。

（池田ならやる）

そう思った。

（どうすべきか）

私は自問した。

入所するとき、正久親分に言われた言葉が頭をよぎる。

「悟、じっくり落ち着いて務めろ。何かあったら、おまえひとりで済まんぞ。竹中組の人間もぎょうさん入っとるんやから、おまえがケンカしよったら、竹中組の人間もそいつらとケンカせなあかんようになるんやぞ。おまえだけで済むんやったらええけど、みんなが迷惑するんやぞ」

池田を止めなければならない。池田が鉄砲玉を飛ばせば、加茂田組の連中も黙ってはいない。刑務所内で組同士の抗争事件に発展してしまう。代紋違いであれば引くに引けないが、同じ山口組ではないか。事件になって得をする者は誰もいない。

「修ちゃん、ちょっと待ってくれ。わしが井内に言うて作業拒否させるから」

こう言って池田を止めた。

自発的に作業拒否させれば、井内は懲罰に落ち、工場も変えられる。作業拒否させたことで、池田の顔も立ち、大事にいたらなくて済む。だが、井内を説得するには、私の説得に重みをつけなくてはならない。

私は井内に話をする前に、ことの次第を松野順一組長（初代松野組）の耳に入れ、「井内に作業拒否させることで話を収めたい」と話した。あとで紹介するが、松野組長は読書家で、勉強家で、それでいて初代大平組で若頭を務める器量の持ち主だ。

松野組長はうなずいて言った。

「山健と加茂田をケンカさすわけにはいかんやろ」

私はすぐさま松野組長の言葉を井内に伝えたうえで、

「池田が若い衆飛ばす言いよるから、ここにおったら大きなケンカになってまう。せやから、悪いけど明日、作業拒否して工場に来んとってくれ」

と言った。

井内が眉間にシワを寄せた。井内にしてみれば、「若い衆を飛ばす」と言われて尻尾を巻くわけにはいかない。余計なことを言ったと思ったが、吐いた言葉は取り消せない。井内にケツをまくられると話がこじれてしまう。松野組長の顔にも泥を塗ることになる。井内の返事を待った。

「わかった。悟坊《さとぼう》が言うならしゃーないがな」

松野組長の顔も立ててのことだろうが、井内は納得してくれた。

これで一件落着。山健組と加茂田組のケンカを収めたのだ。若かった私はこれで評判が取れると得意になった。

ところがメンツの世界はそう簡単にはいかない。井内にしてみれば、作業拒否して懲罰に落ちるのは自分だけである。「手打ち」は双方が痛み分けして初めて成立する。これは「手打ち」でもなんでもなく、自分の一方的な譲歩ではないか——井内がそう考え直すのは当然だったろう。

翌日も工場に出てきたのである。

私のメンツは丸つぶれだ。

「井内さん、どないなっとんのよ」

昼休みに私が担当刑務官の目を盗んで詰問すると、

「松野の組長が作業拒否せんでええ言うとる」

納得のいかない井内は松野組長に相談したのだ。

井内は池田とことを構える気だ。作業拒否させることでケンカを収めることについては、私は松野組長に話してある。にもかかわらず、なぜ松野組長が井内にそんなことを言ったのか。私の推測では、情に篤い松野組長にしてみれば、井内にだけ責任を取らせるようなことはしのびなかったのだろう。自分が「やめろ」と言えば収まるという思いもあったと思う。

だが、仲裁に入った私は進退窮まった。

「竹垣がヘタを打った」

という嘲笑は出所後もずっとついて回る。

ここで引くわけにはいかない。私は肚をくくって井内に言った。

「しゃあない。今度はわしが飛ばな（殴りかからな）あかんがな」

すると井内が私の顔をまじまじと見て、

「悟坊、わかった。わしもそこまでとは思わへんがな。明日、来《け》ぇへんから」

井内は私の覚悟を酌んでくれたのだろう。翌日、作業拒否して工場には来なかった。

このとき、仲裁の難しさということをつくづく学んだ。井内が顔を立ててくれたから火の粉をかぶらなくて済んだだけで、そうでなければ一生の笑い者である。

（器量がなければ仲裁人になどなれない）

私がこのとき、身にしみて学んだことだった。

仲裁は「火中の栗《くり》」に手を伸ばすようなもので、ヘタをすれば大ヤケドをする。それを承知で覚悟を決め、仲裁に入る人間は男気がある。中野太郎は温厚で、いつもニコニコしていたが、それでいて刑務所内のトラブルを収めていた。

「やめとけ」

と中野太郎が言えば、ケンカはすぐに収まった。

ニコニコしていても、中野太郎は当時、山健組一のイケイケで、「ケンカ太郎」という異名を残す。のちの中野太郎の出世ぶりを見るにつけ、さすが世に出るやくざは刑務所でも所作が違っていたことを思い浮かべるのである。

慰問に来た島倉千代子

刑務所内での娯楽は将棋や囲碁、カラオケ大会、運動会、ソフトボール大会、それに慰問などがある。ソフトボール大会は年一回、午前と午後の二回に分け、工場対抗でやるから、これは力が入る。

楽しみなのは慰問だ。慰問とひと口にいっても、宗教者の講演からシロウトに毛の生えたような歌手が来るなど大小さまざまで、名の知れた歌手やお笑い芸人が来るような大きな慰問は年に一、二回あるかどうかだが、歓声を上げたり声援を送ったりすることはできない。

いまは拍手だけは許されているが、かつてはそれさえも禁止で、姿勢を正して無言で聴いていた。不気味で歌手もやりにくかっただろう。

慰問といえば、こんな思い出がある。竹中正久親分が入所してきた年だったと記憶する。私は月に一度、刑務所内にあるベンサム教会で正久親分と顔を合わせていた。ベンサム教会は宗教教育のためのカトリック系の教会だが、正久親分も私も宗教心から足を運んでいたわけではなく、ここでなら堂々と一緒にいられるからである。松野順一組長も、「竹中の兄貴に会えるなら、わしも行こうかな」ということで一緒に顔を出していた。

で、ベンサム教会に向かう途中でのこと。

「おやっさん、島倉千代子《しまくらちよこ》、いつ来ますの?」

正久親分が付き添いの担当刑務官に唐突に聞いたのである。

(島倉千代子? なんの話や)

唐突だったので、どういうことなのか、教会で正久親分に問うと、

「ヤマケンが慰問に入れてくれるんや」

初代山健組の山本健一組長が正久親分のために島倉千代子を慰問に入れてくれるというのである。

これには私も驚いた。国民的歌手の島倉千代子が刑務所に慰問に来るなど考えられないこ

とだ。だからこそヤマケンが竹中正久のために動いたとなれば、慰問に入れたヤマケンも、入れてもらった竹中正久もたいしたものだと評判になる。有名芸能人の慰問はやくざにとって力量の誇示でもある。正久親分は島倉千代子の慰問を心待ちにしていたのではなく、ヤマケンの厚意を楽しみにしていて、「いつ来ますの？」と担当に聞いたというわけだ。

じつは初代ヤマケンと歌手の慰問に関して、こんなエピソードがある。山健組を設立する以前、山本健一がまだ山口組の若い衆だった一九五三（昭和二十八）年一月、世にいう「鶴《つる》田浩二《たこうじ》襲撃事件」を起こした。きっかけは神戸芸能社を設立して興行も手がけていた田岡一雄三代目が鶴田のマネージャーに「美空《みそら》ひばりと鶴田のジョイント公演」をオファーして断られたことだ。山本健一たちが鶴田の宿泊先である大阪市天王寺《てんのうじ》区の旅館・備前屋《びぜんや》に乗り込み、鶴田をウイスキー瓶やレンガで殴りつけ、頭と手に十一針を縫う大ケガを負わせたのである。

山本健一は懲役三年の実刑を打たれ、加古川刑務所に収監されるのだが、ここに当時、天才少女として人気絶頂だった美空ひばりが慰問に訪れるのだ。慰問に訪れただけでも大騒ぎだが、美空ひばりは舞台から、

「健ちゃーん！　お元気ですか？　身体に気をつけて、事故なくお務めして、元気に帰って

きてください。待っています！」

と手を挙げて呼びかけたものだから、会場は騒然となり、「ヤマケン」は全国のやくざに名前を売ることになる。

美空ひばりの慰問は田岡三代目が山本健一のために差し向けたものだ。美空ひばりは神戸芸能社の看板スターで、ひばりは三代目を「おじさん」、三代目はひばりを「お嬢《じょう》」と呼んでかわいがっていた。三代目は、ひばりを慰問に行かせることで、身体を張った山本健一の労に報いたのである。芸能界は「鶴田浩二襲撃事件」に震撼《しんかん》し、神戸芸能社は芸能界で不動の立場を築くのだった。

いまはコンプライアンスが厳しく、芸能人はやくざと一緒に酒席をともにしただけでも芸能界から追放される。昔は息がかかった芸能人を慰問に入れることで入れた親分の力量を見せたのである。山本健一は出所すると、田岡三代目から盃をもらって直参となり、初代山健組を結成する。

さて、その島倉千代子の慰問である。のちに二代目山健組若頭になる松下靖男（五代目山口組直参、初代松下組組長）が島倉について、

「うちの盛力が島倉千代子の男やで」

と教えてくれたことがある。

真偽のほどはわからない。当時、島倉千代子は初代山健組の山本健一組長とつきあいが深かった。同組若頭補佐で盛力会を率いていた盛力健児（初代山健組若頭補佐、盛力会会長）が山本健一組長についていた。松下も盛力も同じ山健組であることを考えれば、あながちヨタ話とも思われなかったが、私が出所してから盛力会長に島倉千代子との関係を直接尋ねると、

「ちゃうで」

と言下に否定した。

真偽はともかく、そんな噂が立つほど盛力会長は当時、山本健一組長にべったりついて全国を回っていたのだった。

ちなみに盛力会長は一九七五（昭和五十）年に勃発した「大阪戦争」（山口組vs.松田組）において最大の功労者である。殺人罪で懲役十六年の実刑判決を受け、宮城刑務所に服役している。二〇一三（平成二十五）年、みずからの苛烈なやくざ人生と山口組の暗闘劇を赤裸々に記した自叙伝『鎮魂　さらば、愛《いと》しの山口組』（宝島社《たからじましゃ》）を出版して話題になったのは記憶に新しい。

慰問に来た島倉千代子は『唐獅子牡丹』や『無法松《むほうまつ》の一生』『人生劇場』『兄弟仁義』とい

ったやくざの歌ばっかり歌った。彼女の持ち歌には『この世の花』や『東京だョおっ母《か》さん』『からたち日記』『愛のさざなみ』などミリオンセラーが目白押しだが、それらは歌わず、あえてやくざが好む歌にしたのだろうと、聴きながら私は思ったものだ。

このとき私の目を引いたのが島倉千代子のマネージャーとしてついてきた細木《ほそき》数子《かずこ》である。島倉と同い年だとのちに聞いたので、当時、二人は四十歳前後ということになる。

(きれいな女だな)

というのが第一印象だったが、一方で、

(パフォーマンスがうまいな)

と、したたかさを感じた。

ちょうど配食の時間を見計らったように細木数子が工場をひとつずつ回ってくると、タクアンをパッとつまんで口のなかに入れ、

「刑務所のタクアンって、こんなにおいしいのね」

と受刑者のみんなに聞こえるように言って、喜んでみせたのである。

このパフォーマンスの意味を、私はすぐに見抜いた。初代ヤマケンのお声がかりで慰問に来ているわけだから、細木数子にしてみれば、竹中正久親分に「顔づけ」(顔を合わせる)し

なければならない。

だが、正久親分の工場だけ顔を出したのでは不自然になる。だから、わざと各工場を回ってみせているのだと、このとき私は思った。そうでなければ、島倉千代子クラスの大物芸能人を連れてきた細木数子が、わざわざ各工場を回るわけがない。

これも出所してからだが、細木数子について盛力会長に尋ねたら、当時、二率会《にびきかい》・堀尾昌志会長の女だと言っていた。島倉はだまされて借金の連帯保証人にされるなど二十億円もの莫大《ばくだい》な借金を抱えるが、これを整理したのが堀尾会長で、以後、細木数子が興行など島倉の面倒を見ているということだった。

細木数子が六星占術《ろくせいせんじゅつ》で有名になる前のことで、松下靖男によれば、銀座《ぎんざ》で飲み屋をやっているということだった。その細木がまさか後年、テレビに出演し、「地獄に落ちるわよ！」という名ゼリフで芸能人を脅す有名占い師になるとは思いもしなかったが、「歴代総理の指南役」として著名な陽明学《ようめいがく》の安岡正篤《やすおかまさひろ》の後妻に納まるなど世渡りの巧みさを見るにつけ、

「刑務所のタクアンって、こんなにおいしいのね」

と、みんなに聞こえるように言ったパフォーマンスを私は思い浮かべるのだ。

余談ながら、この慰問をきっかけに、私はいっぺんに島倉千代子のファンになる。私にと

っても、ほかの受刑者たちにとっても、「国民的歌手・島倉千代子」の慰問はそれほどに衝撃的だったのである。

やくざにとって刑務所は「大学」である

私が傷害事件で初めて懲役に行った二十六歳のときのことだ。

神戸刑務所入りを前に当時、籍を置いていた初代竹中組の竹中正久親分がこう言った。

「悟、せっかく刑務所行くんやから、本くらい読まなあかんぞ」

正久親分は、その風貌とあいまって武闘派として有名だが、熱心な読書家であることは組員なら誰でも知っている。組事務所の応接間のサイドボードの上の書棚には、山岡荘八《やまおかそうはち》の『徳川家康《とくがわいえやす》』や司馬遼太郎《しばりょうたろう》の『播磨灘《はりまなだ》物語』、吉川英治《よしかわえいじ》の『宮本武蔵《みやもとむさし》』といった歴史本のほか、陽明学や論語など中国古典の解説書がずらりと並んでいた。

正式な書名は忘れたが、私が書棚にあった守屋洋《もりやひろし》の『陽明学』を手に取ってパラパラめくってみると、「六然《りくぜん》」について書かれたページが折ってあり、正久親分の手書きのメモが挟んであった。

「六然」は中国・明《みん》末の陽明学者・崔後渠《さいこうきょ》が残した処世術で、親分が走り書きしたメモには、歴代総理の指南役として知られる安岡正篤先生が座右の銘にしていたといったことが書かれていた。

ちなみに、「六然」とは、以下の六つをいう。

一　自《じ》処《しょ》超《ちょう》然《ぜん》　自分自身に関しては、世俗の物事にとらわれないようにすること
二　処《しょ》人《じん》藹《あい》然《ぜん》　人に接しては、相手を楽しませ心地よくさせること
三　有《ゆう》事《じ》斬《ざん》然《ぜん》　何か事があるときは、ぐずぐずしないできびきびとやること
四　無《ぶ》事《じ》澄《ちょう》然《ぜん》　何か事がないときは、水のように澄んだ気でいること
五　得《とく》意《い》澹《たん》然《ぜん》　得意なときほど、静かで安らかな気持ちでいること
六　失《しつ》意《い》泰《たい》然《ぜん》　失意のときにも、泰然自若としていること

私はメモを手に取って見つめながら、六然に正久親分の処し方を重ねていた。人を惹きつける正久親分の魅力は、まさに六然の実践ではないのか。このときの鮮烈な記憶が脳裏に焼きつき、私は刑務所という「大学」で陽明学に関する本を何度も読むことになる。

「本を読め」

と刑務所に行く前に諭されたとき、それがやくざの出世にとって、どれほど役立つのか、正直いって私にはわからなかった。

だが、心酔する親分の言葉だ。

「はい」

と神妙に頭を下げたのである。

正久親分をやくざの理想とした私は、刑務所に入ると、組事務所の書棚にあった親分の愛読書を思い浮かべながら本を読みあさった。

〈人の一生は重荷を負いて遠き道をゆくがごとし。急ぐべからず〉

という徳川家康の言葉に、辛抱のなんたるかを学んだ。

山本周五郎《やまもとしゅうごろう》の一連の著作は、人間は情で動くということを教えてくれ、義竜会という自分の組を持ったときに生きた。書籍から学んだことは、別項であらためて紹介したい。

ひとかどの親分クラスになると、拘置所や刑務所で本を読む人間が多い。親分クラスは罪状否認が多いため、拘置所では独居房に入れられる。話し相手がいないため、自然と本を読む習慣ができる。人生の時間をムダにしないのも器量のひとつだろうと思っている。

たとえば、正久親分以外で読書家といえば松野順一組長がいる。この人は読書家で勉強家だった。私が初犯で入ったときに神戸刑務所の雑居房で一緒だったが、ずっと机に向かって勉強していた。松野組長は初代大平組（大平一雄組長＝三代目山口組若頭補佐）で若頭を務め、のち三代目山口組の直参になる人だが、情に篤く、温厚篤実な人柄で人望があり、周囲の評判を耳にするたびに、机に向かっていた姿を思い浮かべたものだ。

人は人間関係において磨かれるという。刑務所で偉そうにしていればケンカになる。安目《やすめ》を売ればナメられる。下手《したて》に出ながらも、いかに気迫を持って接するか。こういった処し方を、器量のある親分たちを見て学ぶ。刑務所の人間関係は、いわば自分を磨く砥石のようなものだ。向上心がなく、粗悪な鈍《なまくら》であれば砥石に負けるが、鋼《はがね》であれば鋭い切れ味の刀に仕上がっていくのだ。

人間の器というのは、とどのつまりは置かれた環境や境遇を生かす力のことをいう。刑務所生活にブツクサ不満を言うか、これを生かして自分を磨こうと思うか。閑職に飛ばされた勤め人が、せっかくの機会だからと奮起して外国語を習得すれば、閑職を見事に生かしたことになる。

渋柿は剝いて干すことによって、渋が甘味に転じる。逆境も刑務所も、それと同じだと私は思う。自分を生かすも殺すも、心構え次第なのである。

『葉隠』で学んだ武士道

受刑者は週四十時間の役務を強制されているが、余暇時間はいっぱいある。土曜、日曜のほか、祝日は免業日で、平日も夕食後の五時半過ぎから就寝時間の午後九時まで自由時間になっている。

人間として成長するかどうかは、この時間をどう過ごすかにかかっていると私は断言する。竹中正久親分が言ったように、刑務所で自分を磨くには読書である。閉ざされた世界なので、読書しかないのだ。いや、閉ざされた世界だからこそ生活の雑事に邪魔されることなく読書に没頭できると言っていいだろう。

だが、私のように勉強と無縁であった人間にとって、読書は正直言ってハードルが高い。同房の者とバカ話をしたり、週刊誌やスポーツ新聞を読んでいたりするほうが楽しいに決まっている。私も当初はそうだったが、私は上昇志向が人一倍強かった。やくざとして頭角を現したい、名の知れた親分になりたい――その一心から、「本を読め」という親分の言葉を胸に刻み、ページをめくった。

すると、おもしろいもので、次第に本のおもしろさにのめり込んでいく。著者が命を削るようにして書いた本のなかには、何百年を費やしても体験することができない「人生の要諦」がつまっている。いながらにして、それらを学ぶことができるのだ。正久親分が「本を読め」と言ったことが腑に落ちて理解できるのだった。

ただし、これは私の経験だが、本に書かれている要諦を自分の立場に引き寄せて読み解くことが大事だと思う。同じ一文であっても、やくざが読むのとカタギが読むのとは理解が違ってくる。たとえば正久親分が愛読していた小説『徳川家康』のなかに、「自分が恐ろしいときは、必ず相手も恐ろしい」という趣旨の一節があるが、正久親分はこれを引き合いに出して、

「相手がどんなもんでも、こっちが怖い思たら、相手も怖い思とんねん！　そやから五分と五分や。先に泣いたら負けやど」

「弱いとこを見せたら、相手はトコトンそこを攻めてきよる。そやから絶対、弱いとこは見せたらあかんねん」

まさにやくざに引き寄せて「家康」から学んでいるということになる。

私が感銘を受け、のちの人生に役立っている本はたくさんある。生き方に関しては『論語』と『菜根譚《さいこんたん》』が双璧だろう。

〈子曰《しいわ》く。先《ま》ず行う、その言《げん》は、而《しか》る後《のち》に之《これ》に従う〉（先生は言われた。まずは行動をしなさい。言葉はあとからついてくるのだから）

〈本《もと》立ちて道生ず〉（信念を持って生きていれば、自然と歩むべき道が開けてくる）

〈松柏《しょうはく》の凋《しぼ》むに後《おく》るることを知る〉（季節が寒くなってくると、そのとき初めて常緑樹がなかなか枯れないことがわかる）

ちなみに『論語』には仁《じん》、義《ぎ》、礼《れい》、智《ち》、信《しん》という五つの徳が登場する。これらを五徳《ごとく》といい、人間が生きるうえで「大切なもの」「目指すべきもの」「守るべきもの」とする。だから時空を超え、生き方本として現代に読みつがれているのだ。

『菜根譚』も中国の古典で、処世訓の最高傑作のひとつともいわれる。逆境をポジティブに捉えていることから、政財界からスポーツ界まで、リーダーたちが好んで座右の書とする。

〈逆境にあるときは、身の回りのものすべてが良薬となり、節操も行動も、知らぬまに磨かれていく〉

という一文を読んだときは、

「刑務所へ行ったら勉強になる」

と言った正久親分の言葉が脳裏をよぎり、

（読書家の親分のことや。『菜根譚』を読んどるんやろな）

そう思ったのである。

〈人が世の中を生きてゆく時には、自分から一歩をゆずることが、よりすぐれた道である。この一歩をゆずることが、そのまま一歩を進める根本となるのである〉

という言葉には、思わず「そうや！」と腹のなかで納得したものだ。

本の紹介をすれば、『孫子』や『韓非子』、『道を開く』（松下幸之助《まつしたこうのすけ》）、さらに歴史小説など枚挙にいとまがないが、そのなかで一冊だけ取り上げるとしたら『葉隠《はがくれ》』だ。『葉隠』の説く著名な一節――〈武士道と云ふは、死ぬ事と見付けたり〉は任侠道に通じるだけでなく、男としての生き方の原点だと思うからだ。

『葉隠』は江戸《えど》時代中期に書かれたもので、肥前国《ひぜんのくに》佐賀藩士・山本常朝《やまもとつねとも》が武士としての心得を口述したものだ。全十一巻あり、私もチャレンジしたが、原書はとても読めたものではない。解説書など『葉隠』に関するいろいろな本を読んだが、三島由紀夫《みしまゆきお》が座右の書としただけに、三島の本がいちばんよかった。

『葉隠』の第一義は「聞書第一《ききがき》」にある〈武士道と云ふは、死ぬ事と見付けたり。二つ二つの場にて、早く死ぬ方に片付くばかりなり。別に仔細《しさい》なし。胸すわって進むなりという書き出しだろう。

「武士道とは死ぬことである。生か死かいずれかひとつを選ぶとき、まず死を取ることである。それ以上の意味はない。覚悟して、ただ突き進むのみである」

というのが現代語訳で、

「ごちゃごちゃ言うとらんで、死んだらええねん」

ということになる。

だが、三島は『葉隠』の真意はそうではなく、これを逆説的に読んでみせる。

「死はいつの世にも誰にでも来るものであり、なんら特別なものではない。特別なものではないからこそ、毎日死を心に当てることは、毎日生を心に当てることといわば同じことである」

これも私流にいえば、

「死を覚悟したら何でもできるやろ」

ということになる。

私ごときが三島の解釈に四の五の言うのははばかられるし、それが三島の真意かどうかはわからないが、私はそう受け取ったのである。

武士をやくざに置き換えれば、

「いつでも死んだるわ」

「無期、上等や」

「殺《や》ったろうやないか」

という覚悟は、その逆説――すなわち、いまをしっかり生きてこそ、あるいは生きることにトコトンこだわってこそ、死の覚悟は真の意味を持つと解釈したのである。

あとで紹介するが、私は刑務所に入ると、まず担当刑務官の信頼を得るように努力するようにした。初入所のときこそ正久親分を意識して担当抗弁して懲罰に落とされたが、これこそ一見、『葉隠』流の「いつでも死んだるわ」精神のようだが、そうではないということに気づく。

そのことを正久親分は「辛抱」という言葉で私に諭した。中野太郎は刑務所ではいつも穏やかな笑みを浮かべていた。身体を懸けるのは最後の最後、ここ一番でいい。

「どけどけ、文句あったらいつでもやったるでぇ」

と胸を聳《そび》やかせて往来を歩くのではなく、いつでもやる覚悟があればこそ、そういう状況にならないように往来の端っこをあえて歩く。任侠道というのは三島由紀夫が『葉隠』の解説に説く武士道と同じだと考えたのである。

だが、ひと握りのやくざを除いて「死ぬ事と見付けたり」の覚悟は薄れてきた。死ぬ覚悟なくして、胸だけを聳やかせて歩いている。このままでは任侠道は死語になるのではないかと五仁會で任侠道を提唱する私は心配するのだ。

刑務所は刺青の見本市

刺青は「針地獄」といわれる。やくざの世界では「ガマン」ともいう。針を刺して墨を注入していくのだから、突くたびに激痛が走る。突くのは一回につき二、三時間くらいで、頑張ってやっても週に二回がせいぜいだろう。人によっては突いた翌日に熱を出して寝込むこともある。

やくざが刺青を彫る理由は、親からもらった身体を汚すことでカタギの世界と縁を切り、もう戻らないという決意の表明であるといわれる。一種のヒロイズムだが、入れたところで何もいいことはなく、刑務所に入ったときに立派な彫り物であれば自慢できることとくらいだろう。

もっとも、それは私がカタギになってから思うことで、立派な刺青はやくざの自慢である。だから入浴時の風呂場は刺青自慢の見本市となる。

私がこれまで見た刺青で印象に残っているのは橋本弘文（元極心連合会長）と、前に紹介した松野順一の二人だ。

橋本は私が初入した神戸刑務所で一緒だった。私と同じ洋裁工場だったが、作業態度はとても真面目で、黙々とミシンを踏み、合羽を縫っていた。男の器量というのはダイヤモンドと同じで、草むらに転がっていても輝いている。

当時、橋本は初代山健組の若い衆にすぎなかったが、竹中組の幹部連中と比べてオーラがあり、刑務所内でも若い衆を三人くらい連れていた。のちに橋本は三代目山健組の若頭となり、六代目山口組で直参に昇格。若頭補佐、その後は統括委員長に抜擢《ばってき》される。髙山清司・六代目山口組若頭が収監された当時、山口組の実務面を取り仕切った。

橋本が背中に彫った刺青は刀に蛇が巻きついたものだ。色彩、構図、そして不気味で意表を突く絵柄は目を引いた。しばらくして橋本の姿を見なくなる。京都のほうでチャカの実包が出て、余罪で引き戻されたということだった。無口で全般的に真面目な人であったが、全身から放つオーラは刺青の強烈さとあいまって印象に残るやくざのひとりだった。

松野組長は観音さまと龍を背負っている。当時、日本一といわれた名古屋の彫光が二代にわたって彫ったものだ。初代が観音さま、二代目が龍で、その美しさには目を見張った。たとえば龍など私たちの刺青であればウロコが黒い色をしているが、松野組長のそれは薄ぼかしでグラデーションになっていて、思わずうなるほどだった。

私が五回の刑務所を通じて、いちばん迫力があると思った刺青は橋本弘文、いちばんきれいだと思ったのが松野組長だった。風呂でも見ることができるし、工場が一緒だったので、工場から舎房に戻る際の検身のときにも見ていたが、何度見ても惚《ほ》れぼれする刺青だった。

私の刺青は収監前に急いで入れたので両腕だけだったが、きれいに仕上がっていたので面目は立った。当時、きっちり仕上がった刺青はやくざでも少なく、筋彫りのままや途中で終わっている者も多く、カッコが悪かった。

刺青の絵柄は龍や虎、鬼、蛇、浮世絵など日本を象徴する和の図柄が多い。私が龍を入れたのは、前述のように彫師の彫永が龍を得意にしていることもあったが、じつは映画を見て、彫るなら龍がいいと思っていた。『日本侠客伝《にほんきょうかくでん》　花と龍』で主演の高倉健《たかくらけん》が演じた玉井金五

郎が龍を彫っていたのを見て、

（あれ、ええなァ）

と、あこがれたのである。

ただし、「花」は彫らなかった。「花」と「龍」だから本来は菊（花）も入れなければならないのだが、菊を入れると女の影がチラつく。渡世の邪魔になると思い、龍ばかりにしたのである。

高倉健といえば『昭和残侠伝《ざんきょうでん》』で入れた唐獅子牡丹の刺青が有名だが、絵柄が唐獅子牡丹になった経緯として、こんな話を聞いたことがある。田岡一雄三代目は刺青を入れていなかったが、

「もし、わしが刺青彫るんやったら唐獅子牡丹にする」

と口にしたこのひと言が回り回って高倉健の唐獅子牡丹になったのだという。

なぜ、三代目が唐獅子牡丹に惹かれたのかはわからない。このエピソードについても三代目から直接聞いたわけではないし、映画関係者にたしかめたわけではないので、真偽のほどは不明だが、東映《とうえい》の大部屋俳優だった当時、私は映画界のそんな「伝説」を耳にしたものだ。

ちなみに高倉健の唐獅子牡丹の刺青について、一九六五（昭和四十）年公開の映画『昭和

残侠伝』で助監督を務めた降旗康雄《ふるはたやすお》監督がこんなことを語っている。少し長くなるが、いかに唐獅子牡丹がすばらしい刺青だったか、おわかりいただけるだろう。

「あの頃、東映の労働組合が時間外撮影を拒否していました。だから、撮影は午後五時には絶対に終了しなくてはならない。だから、健さんには朝早くに来てもらって、急いで、入れ墨を入れてもらった。なかなかできあがらなくて、僕は何度も早くしてくれと言いに行った。結局、できあがったのは午後の四時だったのです。一時間ではとても殴り込みシーンの撮影はできません。しかし、入れ墨を見たら、これが素晴らしい出来栄えだった。後にも先にもあれほど美しい唐獅子牡丹を見たことはない。入れ墨があまりにきれいだったから、執行部に頼み込んで交渉して、その日は夜間撮影で仕上げました。いまだに『昭和残侠伝』の殴り込みシーンで健さんが背負った唐獅子牡丹が史上、もっとも美しいものだと思っています」(『高倉健インタヴューズ』野地秩嘉《のじつねよし》、小学館《しょうがくかん》文庫)

これが高倉健の刺青なのだ。

刺青のジンクス

どんな絵柄を好むかは人それぞれで、私の兄貴分だった古川雅章組長は虎が大好きだった。自分も虎、息子も虎、若い衆も虎で、虎の絵柄は強制で彫らせていた。

「なんで虎ばっかりなんや」

私が疑問を口にすると、古川組の人間が、

「古川組は尼崎《あまがさき》やろ」

このひと言で合点《がてん》がいった。尼崎といえば阪神《はんしん》タイガースの地元。初代古川は「虎キチ」だったと言うわけである。

映画『仁義なき戦い』で菅原文太《すがわらぶんた》が演じた美能幸三は背中に一匹鯉《ごい》を彫っていて話題になった。広島は鯉の産地として知られることから、球団は広島カープ、広島城は鯉城《りじょう》となる。本人に聞いたわけではないが、だから美能幸三の刺青も一匹鯉ということなのだろう。

意外に知られていないが、刺青にはジンクスがある。たとえばテレビでおなじみの「遠山《とおやま》の金《きん》さん」は片肌脱いで見得を切る桜吹雪がウリになっている。絵柄としては派手で見栄えもするが、やくざはあまり入れていない。

これはジンクスが影響している。

「悟、桜だけはあかんぞ。桜吹雪入れとったら、みな散ってまうぞ。〝夜桜銀次〟は背中の桜で殺されとんのや」

と当時、私たちは竹中正久親分に言われたものだ。

「夜桜銀次」とは三代目山口組・石井組舎弟だった平尾国人のことで、全身に夜桜が咲き乱れる刺青をしていたことからそう呼ばれた。その平尾が博多《はかた》で何者かに射殺され、山口組は二百五十人の組員が大挙して博多に乗り込むことになる。この事件で正久親分は警官隊と対《たい》峙《じ》し、一躍その名を知られることになるのだが、当時を振り返って「桜吹雪入れとったら、みな散ってまうぞ」と私たちに言うのだった。

同じ「平尾」だが、胸に生首を入れていたのが平尾光《ひろし》（初代竹中組若頭補佐）だ。竹中組の後継者は「平尾しかいない」と誰もが口をそろえるほどの器量を持った人物である。平尾の光さんが若頭補佐だった一九八〇（昭和五十五）年五月、初代竹中組と二代目木下会とのあいだで抗争が起こり、平尾率いる襲撃班が高山雅裕会長を射殺。この「姫路事件」で平尾の光さんは二十年の懲役を務めるのだが、私の心に引っかかっているのは彼の刺青だ。

胸元に生首の刺青を彫っていた。その平尾の光さんが「姫路事件」で高山会長の「生首」を取りに行ったのは胸元の生首の刺青と無縁ではなかったと、いまでも思っている。

昔からやくざ社会では、

「顔は刺青に似てくる」

といわれる。

般若《はんにゃ》を入れると般若のような顔になるし、龍は龍、唐獅子は唐獅子、そして観音さまを背負っている者は慈悲深い表情になる。これは本当に不思議だ。刑務所で多くの刺青を見たが、背中を見て、前から顔を見れば、

（なるほど似ている）

と感心したものだ。

中野会に入って背中に刺青を入れる

初代竹中正久親分の実弟で竹中組を継いだ竹中武組長が山口組を割って出るのは一九八九（平成元）年六月のことだ。正久四代目が一和会に射殺されたことに対して徹底抗戦を主張す

る武組長と、一和会トップの山本広が引退と一和会解散を表明したことで抗争終結とする山口組執行部との軋轢《あつれき》が原因だった。このあと、山口組と竹中組との「山竹抗争」が勃発する。くわしくは拙著『極道ぶっちゃけ話』に書いたが、曲折を経て山口組に復帰することになる私は移籍先として当初から中野太郎会長率いる中野会に決めていた。「ケンカ太郎」が率いる中野会は当時、山口組のなかで最強ともいわれる武闘派であった。

移籍して、しばらくたったときのことだ。

私と同じく竹中組から中野会に移籍した森中義雄（末藤組若頭、右翼団体「義勇塾」塾長）が、

「兄貴、カネ貸しておくんなはれ」

と言ってきた。

「なんぼや？」

「五十万円」

森中は彫師でもあったので、私はこう言った。

「銭の貸し借りはややこしいから、わしの刺青彫れや。背中はなんぼや？」

「それやったら、五十万円分彫りまんがな」

「五十万円分やのうて、きちんと仕上げなあかんで」

突いている途中で「はい、ここまでで五十万円分です」と言われ、追加料金を請求されたらかなわないと思って念を押したのである。

絵柄は龍にした。両肩に入れているし、当時、私の若い衆だった三木主税《ちから》が背中に彫った一匹龍が見事だったので、それを下絵に突いてもらうことにした。

ところが刺青を突き始めてしばらくして事件が起こる。森中が女をメッタ刺しにして殺してしまい、自分は鉄道自殺したのである。そこまでやるからには、のっぴきならない事情があったのだろうが、「仕上げなあかんで」と、わざわざ私が念を押したのは虫の知らせだったのかもしれない。

森中に同情しつつも、未完成の龍を背負った私は正直困った。どうしたものか、思案していて、

（あっ、そうや）

彫師の「泉州《せんしゅう》彫のぶ」がいることを思い出した。「灯台もと暗し」で、本名は坂本志信。もともと酒梅組の金山組にいたのだが、私が会長を務めていた義竜会で私の舎弟になっていた。彼に突いてもらうことにした。

坂本は私が初代大石組の東陽一郎を殴ったあとを追いかけていき、逆に東の若い者数人に

◉「泉州彫のぶ」こと坂本志信

野球のバットで袋叩きにされたとき、報復のために拳銃を所持していて逮捕され、神戸刑務所に六年服役した男だ。出所の挨拶の第一声が、

「いろんな勉強をさせてもらいました」

だった。私のために務めたにもかかわらず、いっさいそのことは口にしなかった。そういう男なのだ。坂本は車椅子生活になるまで五仁會の同志として私と活動をともにしていた。

その坂本が、なぜ彫師であることを私が失念していたかというと、彫師は職業として独立しているため、坂本のように組の若い衆になっている人間はまずいないからである。若い衆になれば反目《はんめ》の組員は突けないなど縛られてしまう。組の客人のような立場やお抱えの彫師というのは昔からいるが、私が知るかぎり、代紋を持った彫師というのは坂本くらいだろう。坂本も義竜会に入ってくるとき、彫師であることは口にしなかった。

そんなわけで、坂本に事情を話し、時間をかけてゆっくり仕上げてもらった。刺青の合作はめずらしいことではなく、したがって私は背中も肩も彫師の名前は入れていない。

背中の龍に再度手を入れるのは還暦を迎えたときだ。当初、中野太郎がそうしたように、還暦披露のパーティーを開こうかという思いがあった。神戸ポートピアホテルで盛大に開かれ、中野太郎は松下幸之助のサインが入った赤いちゃんちゃんこに、同じく赤い頭巾をかぶってご満悦だった。

このとき私だけ嫁を連れてくるように言われ、メインテーブルに中野太郎夫婦と一緒に座らせてもらった。この年——一九九六（平成八）年七月、中野太郎が理髪店で散髪中に会津小鉄系組員に銃撃されるという事件が起こっている。ボディガードがチャカで応戦して襲撃犯二人を射殺。中野太郎は無事だった。

その直後の還暦披露パーティーであっただけに、中野太郎から直々に一緒に座るよう声をかけられるというのは、私にとって大変な名誉だった。

還暦祝いには、そんな思い出がある。だから中野太郎にならってパーティーを開こうと思っていた。だが、中野太郎のときのように大盛況であればいいが、人数が集まらなければ恥をかく。平成不況も長く尾を引いている。私事でみんなに無理をかけることになるだろう。いろいろ考えた末、パーティーはやめて、嫁と坂本志信を連れて生駒《いこま》の温泉に行くことにした。背中の朱色が少し落ちているので、還暦のその日に、坂本にその部分をもう一度突かせようと思ったのだ。

刺青は彫師が未熟だと次第に色が抜けてくる。いかに色あせさせないか、これが彫師の腕前だ。坂本に言わせると、身体に合う墨と合わない墨があり、安価な墨には水銀が入っていたりするそうで、

「カネのない彫師は安い墨を使《つこ》うとるから大変でっせ。わしはスッと身体になじむ墨しか使うてまへんがな」

彫師は信用が置ける者でなければヤバイということだ。

私の刺青はきちんと入れてあるので、日焼けサロンに通っても色にはまったく影響しない。肌を焦がすほどの熱い紫外線を浴びれば、安価な刺青は「焼け」になってしまうが、私のは彫ったときのままの色だ。ただし、刺青の朱色は難しく、少しだけ墨が薄くなってきている。それで坂本を連れて生駒の温泉に出かけることにしたわけである。

還暦を迎えた当日、突き始めるに際して、

「時間、どのくらいかかるねん」

と坂本に問うと、返事をしない。

「なんで黙ってんねん」
「兄貴、言うたら芋ひき（尻込みし）まっしゃろ」
「わかった」

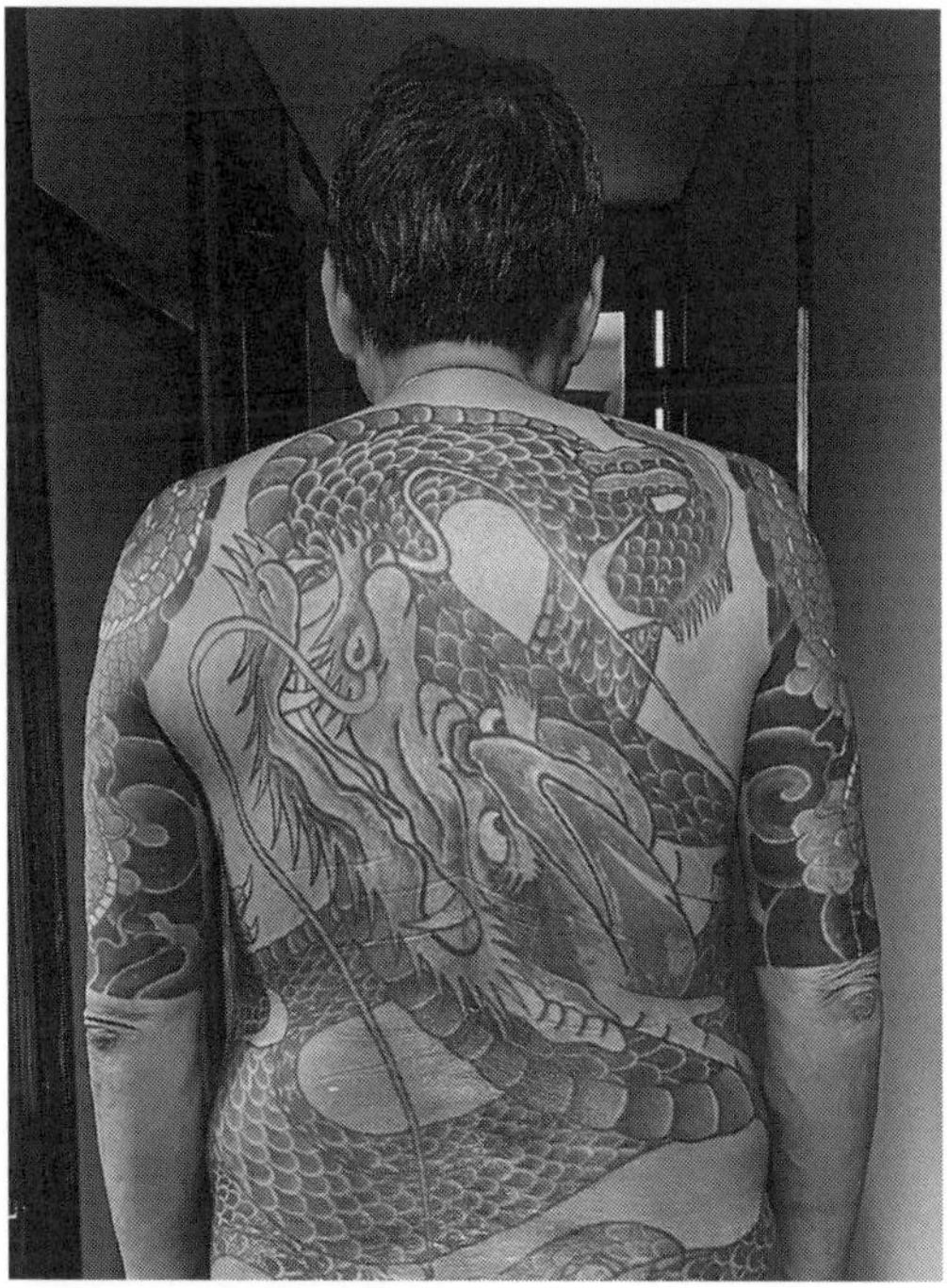
◉筆者の背中を飾る龍の刺青

坂本が突き始めた。仕上がるまで八時間以上がかかった。最初からそのくらい時間がかかると言われたら、私はやらなかっただろう。まさに「針地獄」だった。

背骨のいちばん痛いところが蛇腹なのだ。そこを八時間かけて真っ赤に染め直す。苦痛にうめき声を呑み込みながら、私なりの還暦の節目としたのだった。

カタギになって入れた刺青

私が刺青を最後に突いたのは二〇一五（平成二十七）年、六十四歳のときだ。私がやくざの足を洗うのは二〇〇五（平成十七）年だから、カタギになってすでに十年。NPO法人「五仁會」を設立して三年がたっている。

右腕に「義照院繹顯正」「人は一代、名は末代」という文字を彫った。竹中正久親分の戒名と、正久親分が座右の銘とした言葉である。そして左腕には尊王攘夷《そんのうじょうい》派《は》志士で私の父方の高祖父・田中河内介《たなかかわちのすけ》（幕末の儒学者、漢学者。明治天皇が四歳になるまで教育係を務めた）の戒名を彫った。

なぜ、そうしたかというと、山健組三代目村正会の水田忠好会長が私の悪口を私の娘に向かって言ったからだ。これは任侠道に背く。カタギの私が暴力に訴えることはできないが、ペンでなら反撃できる。私はブログで水田忠好会長を批判した。批判すればカエシが来るだろう。それを承知で肚をくくった。自分に性根《しょうね》を入れる意味で、正久親分の戒名と座右の銘、そして志士である高祖父の戒名を彫ったというわけだ。

カエシが来た。八月十三日深夜、自宅玄関に銃弾五発が撃ち込まれたのだ。玄関の防犯カメラに拳銃が火を吐くところまで映っていた。犯人が挙がっていないので村正会かどうかはわからない。だが、村正会以外に考えられないことだった。

カエシはやくざにつきものだ。だが、それは渡世上のことであって、カタギになった男の家にチャカを撃ち込むのはみっともないことだ。やくざが矜持を失えば、それはやくざとは呼ばない。ただの暴力集団なのである。

ところで、これは予期せぬことだったが、銃弾を撃ち込まれたことで、私が一気に注目され、五仁會の活動が世間に知られる。男が肚をくくって何かをやれば相応の成果が得られるのだということを、あらためて思ったものだ。

刺青について思いつくまま、あれこれ書いてきたが、入れてよかったと思ったことなど一度もない。痛い思いをして入れながら、刺青が自慢の勲章どころか、それがあるために温泉に入れない時代がやってこようとは夢にも思わないことだった。

「入れなきゃよかった」

カタギになった人間が必ず言うことだ。

刺青やタトゥーはファッションのひとつだという意見もある。だが、海外ならいざ知らず、日本社会では受け入れられない。二〇二〇（令和二）年、大晦日《おおみそか》のリングでWBOスーパーフライ級王者・井岡一翔《いおかかずと》の左腕のタトゥーが大きな社会問題になったことを見てもわかるはずだ。刺青は奈良時代は刑罰の一種であり、江戸時代には罰として罪人に入れた。刺青は隠すものであったのだ。

それがやがてカタギとして生きていかないという意味で、やくざが「やくざの証し」として入れるようになった、だから日本社会では海外のようにファッションとは見ないで「刺青＝やくざ＝反社」ということになる。少なくとも、まともな人は入れていない。これが日本社会であり、海外との文化の違いということになる。

若気のいたりという言葉があるように、人間は甲羅を経なければわからないことがたくさんある。だから、つねに後知恵で間違いに気づく。私は七十二歳になったこの年でも刺青が小さければ消したいと思うのだ。

やくざに仮釈なし

刑務所に話を戻そう。

刑務所用語で「ピン」という言葉がある。仮釈放をもらえる期間のことで、「三ピン」「四ピン」という言い方をする。「三ピン」は仮釈放の期間が刑期全体の三分の一、「四ピン」は四分の一で、

「四ピンで仮釈もろうて出てきました」

といった使い方をする。

最近の傾向として、仮釈が認められるまでの服役期間が長くなっていて、「三ピン」で仮釈がもらえることはあまりなく、ほとんどが「四ピン」——すなわち刑期が七〇～八〇パーセント終わった段階となっている。

受刑者は一日でも一時間でも早く出所したい。だから受刑者のほとんどが仮釈を目標にする。仮釈の条件は「改悛《かいしゅん》の状」があることだ。行政庁である地方更生保護委員会が決定する。「改悛の状」は刑法で用いる専門用語で、世間でいう「改悛の情」とは異なる。「改悛の情」は「深く反省しています」という心の動きをいうが、「改悛の状」は「深く反省し、再犯の恐れがない状態」という客観評価をいう。

「わし、反省しとります」

と百万遍言ったところで仮釈にはつながらず、「反省だけならサルでもする」と一蹴され

てしまう。

やくざは「改悛の状」に加えて組に脱会届を出さなければ仮釈はもらえない。やくざのままでいたのでは「深く反省し、再犯の恐れがない状態」に該当しないのは当然だろう。

では、仮釈を組の側から見たらどうなるか。

組事で懲役に行った若い衆が仮釈欲しさに模範囚となり、

「反省してます、あっしが悪うござんした、組を脱会します」

となったら、ほかの組員に対して示しがつかない。

それでも組によっては早く出所させるために便宜的に脱会を認めるところもあるが、竹中正久親分は厳格だった。刑務所、拘置所、留置所から脱退届を出せば即座に絶縁処分にする。カタギになるのならそれで構わないが、現役ではやっていけなくなる。だから竹中組は仮釈で組に帰った者はひとりもいない。全員が満期だった。正久親分が収監される若い衆に「辛抱やど」と諭す真意は、あくまで自分を磨けという意味であって、模範囚になれというのではないのだ。

正久親分のこうした苛烈な方針は警察の取り調べに対する供述にもおよぶ。

「うたうな、徹底的に否認せえ。留置所の床が腐るか、おのれの尻が腐るかやないけ」

ことあるごとにそう言われた。

あっさり認めれば、すぐにパイ（釈放）されるような案件でも、否認すれば拘束時間が長くなる。シノギが滞り、すぐに生活に影響する。正久親分の「辛抱」には、そのことも含まれているのだ。

「なんぼしっかりしとっても、すぐにうたうヤツはあかん」

これが正久親分の信条で、竹中組内で直参に上げる目安はケンカ根性より「警察根性」にある。「一に警察根性、二に警察根性、三、四がなくて五に警察根性」――攻める根性より耐える根性で器量を見たのである。

さらに付記しておけば、取り調べにおいて自分の憶測でものを言うのも厳しく戒めた。

「パクられても、〝もしも〟とか〝たら〟の話は絶対にしたらあかんど」

「〝もしも〟とか〝たら〟の話が違《ちご》うとったらどないすんねん？　人間が軽うなってまうど」

「警察もそのときはえぇがいにしてくれる（友好的に扱う）かもしれへんけど、腹のなかでは笑うとるど。なんでもペラペラしゃべる人間を誰がまともに相手にしてくれんねん」

「この先に何人かで事件を打ったとき、サツはいままでになんでもかんでもペラペラしゃべってきた人間をいちばん先にパクリに来よるやろがい。警察に弱さを見せたら一生そのままや」

そんなことをよく言われていたが、いま考えても、なるほどと思うのだ。私たち竹中組組員はみんな、これらの言いつけを忠実に守って黙秘か否認をしたものだ。

正久親分に率いられた竹中組の人間は、収監されても端《はな》から仮釈のことは念頭になかったし、ほかにもイケイケで知られる組はそうしたものなのである。

中国人受刑者を中国本土に訪ねる

私が最後に務めた大阪刑務所で林《リン》文平という中国人と一緒になった。四十がらみで、どんな金庫でも開けてみせると自慢していた。窃盗罪で七年の懲役を打たれたのは金額がそれだけ大きかったのだろう。泥棒ではあるがカタギだ。そのころ流行っていた蛇頭《じゃとう》でもない。人なつこい男だった。

ちなみに大阪刑務所は大阪府堺《さかい》市にある。府中刑務所に次ぐ収容能力を持ち、西日本では最大規模の刑務所で、通称「大刑《だいけい》」。当時、収容されていたのはB級（執行刑期が十年以上で犯罪傾向が進んだ者）とF級（外国人）になっていた。つまり、再犯や犯罪傾向が強い受刑者たちが収容されているということになる。

このリンと食堂の席が一緒になり、「竹垣さん」といって話しかけてきたのが仲よくなるきっかけだった。私が大阪刑務所でいい顔だったので、この人なら相談に乗ってくれると思ったのだろう。

私もピンときて、

「リンちゃん、何がしたいんや」

と応じてやると、

「作業場を移りたいのです」

と言う。

大阪刑務所はB級とF級だったのでワルも多く、中国人ということで、リンは工場でいじめにあっているとこぼしたが、作業場を移るのはまず無理だ。懲役とは強制労働につかせる刑である。いじめにあっていようと受刑者の要望など通るわけがないが、私は刑務官といい関係にある。リンちゃんもそこを見込んでのことだったのだろう。

すがってこられたら胸を叩くのが侠客であり、やくざの矜持でもある。やくざに理想像を追い求めていた私は、

「わかった」

と引き受け、リンが作業場を移れるよう取り計らってやっただけでなく、それ以後も何くれとなく面倒を見てやった。そんなことから、リンは私のことを「大哥《だいこう》、大哥」と呼んで慕ってくれるようになる。大哥は中国語で「兄貴」のことだが、

「リンちゃん、ここ日本やから、大哥言うたって誰もわからへん。兄貴と呼んでええから」

そう言うのだが、

「ダメダメ、担当聞いたら怒る」

と真顔で言う。「兄貴」と呼べば小声であってもすぐに交談（私語）とわかるため懲罰を食うが、「大哥」であれば刑務官も意味がわからず咎《とが》めることはない——そう思ってのことなのだろう。リンはずっと「大哥」で通していた。

リンは出所すると中国への強制送還が待っていた。先に出所していた私が入国管理局に面会に行き、何か必要なものはないかとリンに聞くと、

「大哥、なんにもいらない。国に帰る、ボストンバッグひとつだけ差し入れしてください」

と言うので差し入れしてやり、リンは郷里・中国福建《ふっけん》省の武夷山《ぶいざん》市に送還された。

その後、曲折を経て私がカタギになってからのこと。これから何をするか考えていると、

私の実兄が中国深圳《しんせん》市にあるプラスチック工場に投資をしていたことから、

「見学がてら、二週間ほど深圳に行ってきたらどうか」

と提案してくれ、行ってみることにしたのである。

中国と聞いてリンの顔を思い浮かべ、別れるときに教えてもらっていた電話番号に電話をした。

「リンちゃんの顔が見たいな」

と懐かしくて言うと、

「ぜひ来てください」

と声を弾ませたが、香港《ホンコン》の近くにある深圳市から武夷山市まで九百キロもある。上海《シャンハイ》で飛行機を乗り継いでも一時間二十分ほどかかる。私は返事を濁して電話を切ったが、武夷山について調べてみると、一九九九（平成十一）年以降、ユネスコの世界遺産（複合遺産）に登録。年間三百五十万人の観光客が訪れ、黄山《こうざん》、桂林《けいりん》と並び、中国人が人生に一度は訪れたいとされる場所のひとつとある。

（行ってみるか）

私は再びリンに連絡を取ると、深圳市での工場見学を済ませて武夷山市に飛んだのだった。

リンが住む町は武夷山空港からさらにクルマで二時間もかかった。アパートのような住居に祖父母たち一家全員で住んでいた。リンは私の顔を見ると早口の中国語で言って泣いた。中国語がわからない私もリンの涙に感激した。

家族総出で歓待してくれ、リンの妹が何か言ってリンにお金を渡すのが見えた。「せっかく日本から友だちが訪ねて来てるんだから」――たぶん、そんなことを言ったのだろう。リンちゃんは泣きながら、そのお金をズボンのポケットにネジ込んだ。遠来の友が来たということでリンちゃんの親戚なども集まってくれ、三十人ほどでカラオケボックスに行った。私は楽しい一夜を過ごすのだ。

そして翌日、リンが私が寝ている部屋にやってくると、

「大哥、女、十八歳の子を抱かすから」

と言う。

気持ちだけ、ありがたく受けながら、

「リンちゃん、ええよ。こんな田舎で、その子がもし日本人と寝たと噂になったら町にいられんようになるから。そんなことしてくれんでええよ」

そう言って断ったのだった。

前述のように、大阪刑務所はF級でもあるので外国人受刑者がたくさんいた。西欧人はパンが主食なので、大刑では所内でパンを焼いて出していた。ドイツ人受刑者も食事のテーブルが一緒になったが、いつもひとりでポツンとしていてかわいそうだった。言葉が通じないこともあるが、白人と東洋人とでは文化が違うということだろう。リンと気が合ったのは同じ東洋人であるという感性なのだろう。

二〇〇六（平成十八）年の夏、中国の王毅《おうき》大使（当時）が来日した折、故・田中角栄《たなかかくえい》の墓を訪れて献花し、

「水を飲むとき、その井戸を掘った人を忘れない」

と言って角栄さんが日中国交回復を成し遂げた功績を称《たた》えた。

いま、日中関係は戦後最悪といわれ、実際、習近平《しゅうきんぺい》の傲慢な言動を見ていると腹も立つが、リンのこのときの気づかいを思い出すと、「井戸を掘った人を忘れない」というのが中国人の義理堅さだと思うのだ。

武夷山はすばらしかった。豊かな自然、そして奇岩と渓流が織りなす風景は、まさに水墨画の世界だった。

アンコとカッパ

この章の終わりに「下ネタ」についても触れておこう。「男色」とサオ（陰茎）と皮膚のあいだに入れる「チン玉」は刑務所を語る場合、話題の定番でもある。この手の話は私は得意ではないが、ご紹介しよう。

まず男色である。いまの刑務所はソノ気がある受刑者は部屋を別にすると聞くが、昔は多かった。男同士のむさ苦しい生活である。当然ながら女が恋しくなる。舎房は冷暖房がなかったので、寒さに震える冬ともなれば、柔肌のぬくもりが無性に欲しくなる。私にソノ気はないし、経験もないが、相手が男と承知しながら「代用品」に走る気持ちはわからないでもない。

私がいた神戸刑務所に「オカマのジュンコ」と呼ばれる男がいた。素っカタギで、窃盗で入っていた。

「ヤダわ〜」

「オホホホ」

しなのつくり方から言葉づかいまで、まるっきり女。小柄で目鼻立ちも整っていて、化粧させて街を歩かせたら男が振り返るだろう。このジュンコは男が大好きで、ちょっと気に入ったのがいると、すぐにちょっかいを出す。こんな「女」は昼夜独居に入れて隔離すべきだろうに、よくぞ工場に出すものだと感心したものだった。

そのうちジュンコと三代目山口組系のK組員がいい仲になった。K組員はいまも現役なので名を伏せるが、大阪戦争（一九七五［昭和五十］年に勃発した三代目山口組vs.二代目松田組との抗争事件）で武勲を挙げたイケイケである。もちろんK組員が「カッパ」でジュンコが「アンコ」だ。両者の語源は人間の肛門《こうもん》内にあると想像される架空の臓器「尻子玉《しりこだま》」をカッパが好物とすることから肛門を狙う男役がカッパ。「アンコ」は深海魚の鮟鱇《あんこう》がなんでも口に入れることから女役をいう。

K組員がジュンコを自分の女にしたことから、ほかの受刑者にとってジュンコはアンタッチャブル。浮気性のジュンコに声をかけられてもシカトしていた。隔離された世界でもあり、男同士の場合、浮気のもつれや三角関係による嫉妬は男女の関係以上に激しく、暴力事件や自殺未遂も起きるほどだ。

それにしても、武闘派のやくざが男のケツの穴を掘るなど、あまりいいイメージではないかもしれないが、歴史をさかのぼれば、武将の男色文化は「衆道《しゅどう》」と呼ばれ、織田信長《おだのぶなが》と森《もり》蘭丸《らんまる》の関係など男色は当たり前のことだった。ただし、歴史本の解説によれば、男色の契りは肉体的だけでなく、精神的な結びつきを重視したという。K組員とジュンコにそこまでの精神性があったかとなると、いささか怪しいものだった。

チンポコへの「玉入れ」

刑務所で入れる「チン玉」は歯ブラシの柄だ。本来は真珠を埋め込むが、刑務所に持って入るわけにはいかない。簡単に手に入り、陰茎に埋めても害がない素材となれば、プラスチックの歯ブラシの柄というわけだ。柄の先端を五ミリほど切り取り、コンクリートの壁などに当ててせっせとこすり、磨き上げ、真珠のような球体にする。根気がいるが、時間だけはたっぷりある。

では、なぜ入れるのか。

女が悦《よろこ》ぶからだといわれる。亀頭のエラが張ったイチモツを逸品とする俗説から出てきたものだろうが、そんなのはまるっきりウソ。女は痛がるだけだ。実際に私は竹中組の事務所で真珠を入れたことがあるので経験上、知っている。知り合いの女連中に聞いてみても、みんなが痛いと口をそろえる。女が悦ぶというのは男の勝手な妄想であって、しょせんはエロ小説のネタにすぎないのだが、刑務所は役務が終わればヒマですることがない。女とも長いあいだご無沙汰である。妄想が妄想を呼び、単純な男は、

「ほな、入れてみるか」

ということになる。

だが、先にいっておくと、刑務所では「チン玉」は禁止だ。「自傷行為」とされ、発覚すると規律違反行為になって懲罰である。だから事前に「チン玉」の有無について検査される。にわかには信じられないかもしれないが、実際に「チン検」があるのだ。

まず入所時に「チン玉」を入れていないか最初の検査がある。

「玉、入れてないか?」

「入れていません」

と答えると、刑務官が目視で確認し、申告どおりならその旨、調査票に書き入れる。

「入れています」

と答えると、

「何個？」

「三つです」

これも確認し、調査票に記入する。

そして、その後は月に一度「チン検」が実施され、「チン玉」の数が増えていれば「自傷行為」の動かぬ証拠となって懲罰に落とされることになる。それでも「チン玉入れ」は後を絶たず、イチモツがまるでブドウやトウモロコシのようになっていて、

（重すぎて勃《た》たんのとちゃうか）

と余計な心配をしたこともある。

ちなみに「チン玉」を入れる方法はいたってシンプルで、サオの皮をつまんで引っ張っておいて、箸などで皮膚に穴を開け、そこに丸くした歯ブラシの柄を押し込む。これだけのことだが、もちろん痛い。場合によっては炎症を起こすこともある。痛みに耐えかねて治療を申し出る、「自傷行為」で懲罰を食らうという間の抜けたことになるのだ。

前述のように、私は若いころ竹中組の事務所で「チン玉」を入れた。若い衆が集まって雑談しているときに「チン玉」の話になり、痛いとか、痛くないとかなんだかんだ話していたのだが、どういう話の成り行きだったか忘れたが、「突破《トッパ》」（向こう意気が強く、ムチャをやら

かすこと）だった私は、

「ほな、わし、ここで入れたるわ」

とカッコをつけ、真珠のネクタイピンを外して、

「これ、入れてくれや」

と組員に頼んだ。

刑務所でそうするように、陰茎に傷をつけ、組員が力を入れて真珠を押し込むのだが、やくざの見栄で大粒の真珠だったため、なかなか入らない。その部屋に竹中正久親分が入ってきて、

「悟、毛ジラミでも取ってもらいよるんかい」

と言って笑ったものだ。

化膿《かのう》止めの軟膏《なんこう》をたっぷり塗ったおかげもあって炎症は起こさなかったが、エロ本と違って女が痛がるのにはまいった。これでは使いものにならない。あんまり痛がるので真珠を取ることにした。チンポコを勃起させておいて、剃刀《かみそり》で真珠を入れた表皮をシュッと切ったら、真珠がピョンと飛び出して、床の上をコロコロ転がった。入れるときにはあれほど痛かったのに、出すときはなんでもなかった。

若いときにそんな経験があるだけに、刑務所で懲罰覚悟で「チン玉」を入れる連中を見ると腹のなかで苦笑いしたものである。

第3章

塀の中から見た山一抗争

監禁致傷で五年四月の懲役刑

一九八一（昭和五十六）年二月末、私は監禁致傷でパクられ、以後、五年四カ月を塀の中で過ごすことになる。そして再び神戸刑務所に収監される。

これが二度目の懲役である。「津山《つやま》事件」でカエシに走って逮捕された私は過去の傷害事件が掘り返され、監禁致傷として起訴されたのだ。

「津山事件」は一九八〇年（昭和五十五）年一月十日、岡山県津山市で起こった。小椋建設の事務所で竹中組直参の小椋義政と山口組系小西一家内小島組の水杉義治が射殺されたのだ。小椋は竹中組直参で、竹中組若頭・杉本明政組長率いる杉本組の最高幹部を兼ね、代貸《だいがし》を務めていた。弾いたのは木下会系平岡組の片岡一良と池元幸男の二人だった。

トラブルの発端は愛人問題である。小椋が短期の懲役に行っているあいだに平岡組の組員が小椋の女に手を出したのだ。務めに行っている者の女に手を出すことは御法度であるだけでなく、相手が「反・山口組」で結成された関西二十日会（当時）に所属する木下会系の組員とあって小椋は激怒。執拗《しつよう》に平岡組を脅すことになる。平岡組は何度も謝罪するが、受け入れられず、一緒にいた水杉とともに小椋を射殺するのだった。

平尾光、笹部静男、大西康雄（大西組組長）たち竹中組三羽烏《さんばがらす》の舎弟を引き連れ、報復に動いていた私に、竹中組若頭補佐の大西康雄から連絡が入った。

「今日起きたことは今日中にカエシをせなあかんねん！　どこでもええから走れ！」

と執念のこもった声で言った。

殺るならトップ――木下会会長の高山雅裕だ。私が竹中組の直参に取り立てられた翌年のことだ。即座に肚をくくった。命《タマ》を取ることができれば、気の遠くなるような長い懲役が待っている。返り討ちにあえば、こっちが命を落とす。どっちに転んでも、そこで人生は終わるのだ。

だが、そんなことを考える余裕はない。高山会長の居場所は普段から調べがついている。陽《ひ》が落ちるのを待ち、私はチャカを抱いて高山一夫（初代竹中組幹部）、小島誠二らとともに高山会長の二号宅に走った。

愛人宅の呼び鈴を押す。高山会長に一報は入っているはずだが、事件からまだ数時間だ。どこまで警戒しているか。ドアが開けば乗り込んで撃つつもりだった。息をつめるようにして二度、三度と呼び鈴を押す。ドアの向こうで人の気配がした。

（ドアスコープをのぞいている！）

私は両手で銃把を握るや、腰を落として立て続けに「拝み撃ち」した。そのときは暗くてわからなかったが、ドアが防弾加工してあるため、銃弾をすべて跳ね返していた。あとで十数発の弾痕がドアに残っていたと聞かされるが、もし防弾加工が施されていなければ、ドアの向こうにいた人間――高山会長か、あるいは若い衆かわからないが、蜂の巣になり、私は無期刑を打たれ、いまも刑務所で服役しているだろう。私は人生を拾ったのだと、あのときを振り返り、運に感謝するのだ。

大西康雄に連絡を入れた。

「道具（拳銃）は始末して、とにかく東へ走れ」

と言われた。

検問で硝煙反応が出ないようにするため、私たちは丁寧に手を洗うと、着替えてからクルマで大阪に入り、身を隠した。

小椋殺害については田岡一雄三代目の舎弟で同じ姫路の湊組・湊芳治組長らの奔走で手打ちが進められるが、竹中正久親分と高山雅裕会長とのあいだで条件面に齟齬《そご》があり、結局、手打ちはしていない。曖昧なまま話が終わったので、これが「姫路事件」の引き金になる。

この年の五月十三日の夕方、姫路市内の木下会事務所前で竹中組若頭補佐・平尾光率いる襲撃班が高山雅裕会長を射殺。高山会長についていた組員四人が死傷した。実行犯は別として、平尾たち首謀者三人の襲撃犯は懲役二十年を打たれることになる。

このことはあとで触れるが、平尾が長い懲役を終えて出所したとき、「山一抗争」をめぐって竹中組を継いだ竹中武は一和会との徹底抗戦を主張して五代目山口組を離脱していた。組事で二十年を務めながら、山口組という金看板を外した竹中組にこれまでの力はない。力がなくなるどころか、「山竹戦争」が勃発し、初代を継いだ竹中武組長の竹中組は消滅していく。彼らはなんのために身体を懸け、人生を懸けたのか。

それがやくざの宿命だといえばそれまでだが、同じ命と人生を懸けるなら、もっとほかに生き方があったはずだと、カタギになった私は思うのだ。

さて――。

「姫路事件」で竹中組は四十九人の逮捕者を出し、私も愛人宅銃撃事件で逮捕されるのだが、忠成会に関する捜査の過程で、警察は新たな傷害事件を掘り起こしたのだ。それが私の「監禁致傷事件」となって五年四月の懲役刑になる。

事件はこうだ。

「津山事件」が起きてからしばらくたって、私は同じ竹中組の直参（のちに私の舎弟）の西村学を連れて久しぶりに女のマンションに顔を出すと、なんと忠成会の若い衆がいたのだ。

「コラッ！　おまえ、何しとんや！」

頭に血が上った。

若い衆は口元を震わせている。「竹垣悟」といえば義竜会を率いる竹中組の気鋭で、ほかの組織の連中は一目置いていた。女が私との関係を伝えていたかどうか知らないが、その竹垣がいきなり現れて怒鳴りつけたのである。若い衆がビビるのは当然だったろう。

私は台所から包丁を持ち出すと、

「コラッ、おまえ！」

と呼び、刃の反対側——峰でこの男の頭をガンガン叩いた。

「ギャーッ！」

この男が悲鳴を上げてのたうつ。頭から血が噴き出し、部屋は血の海になった。

じつをいうと、私は女とも疎遠になっており、そこまでしなくても別のかたちでケジメを取る方法もあったのだが、西村学の手前もあってカッとしたのである。ましてや反山口組の忠成会である。私はこの男を半殺しにしたのだった。

忠成会の若い衆もやくざである以上、警察に届けるようなことはしなかったが、どういう経緯からか、女がしゃべった。警察も手柄を立てたい。この傷害事件を「監禁致傷」にし、高山会長愛人宅銃撃事件とセットにすることで、より大きな事件にしようとしたのである。

◉西村学（右）

だが、傷害事件に関しては被害届が出ていない。否認すればいい。正久親分がいつも言うように「警察根性」で徹底否認で突っ張れば事件にはできない。もし警察が無理やり忠成会の若い衆に被害届を出させたとしても、包丁の刃で叩いたのであればともかく、用いたのは峰のほうなのだ。

争っても勝てるが、それがわかっていて、なぜ、私が「この事件」を認めたかといえば、共犯になっている西村学をかばっていたからである。

老獪《ろうかい》な刑事は、

「竹垣、西村学がしたことは、おまえがしたことにするから認めてくれ」

と取引を持ちかけてくる。

直参になって一年の私だ。やくざ渡世はこれからだ。自分の将来のために男気を出して認めるのが得策だと判断したのだった。

それでも、いちおう控訴はした。控訴された事件は「不利益変更禁止の原則」といって原判決の刑より重い刑を言い渡すことができないしくみになっている。しかも判決が確定するまでは未決囚なので、収容先は拘置所だ。犯罪者と決まったわけではないため、拘置所は差し入れや面会要件など刑務所よりゆるくて楽なのである。控訴棄却になっても「未決通算」で控訴審に費やした期間のいくらかは刑期から差し引いてくれる。控訴することのデメリットは、まずないというわけだ。

案の定、未決通算はたっぷりもらった。

今回の事件は兵庫県警本部が主体だったので、私は姫路警察署の留置所から神戸拘置所に移送される。

神戸拘置所で胸をふくらませる

神戸拘置所は一階が雑居房で、私は二階の独居房に入れられた。

しばらくして先に入所していた竹中組の松浦敏夫が刑務官の目を盗み、雑役に託してガテ（手紙）を寄こした。神拘《しんこう》には平尾の光さんら「姫路事件」で逮捕された竹中組の人間たちが全員、公判のために入っていたのだ。

松浦のガテには、

〈わしはもう帰るから、雑役が今度手を出したら（要求したら）、甘いものでも出したってくれ。わしは毎日、アリナミンやりよったんや〉

そんなことが書いてあった。

当時は拘置所でもアリナミンを売っていた。「雑役を手なずけてあるので、引き続きうまくやってくれ」――松浦はそう言っているのだ。

雑役は受刑者が任命され、刑事施設で受刑者や被告の配食や舎房の掃除、洗濯物の集配など、字のごとく雑務をこなす。施設内を移動するため、ガテを渡しておけば雑役同士の手を経て相手に届くというわけだ。

ちなみに伝言や手紙を「鳩」といい、「鳩を飛ばす」といえば、それらを伝えるという意味になる。家族団欒《だんらん》を知らないで育った私は少年時代、伝書鳩を飼うことで寂しさをまぎらわせ、いまも好きで飼っているが、鳩を見るたびに刑務所の「鳩」を思い出すというのは余談。余談ついでにいえば、私の鳩が二〇二二年（令和四年）、「北海道余市《よいち》一〇〇〇キロレース」と「二〇〇キロレース」で総合優勝している。

さて――。

刑務所と違って拘置所にいる未決たちはお菓子などが購入できるため、私は松浦につないでもらった雑役に毎日アリナミンを渡し、平尾の光さんたちとガテのやりとりをしていた。鳩を飛ばしたのが発覚すれば雑役も懲罰を食らう。私と雑役は共犯関係になるため、信用が置けるのだ。

そんなある日、平尾の光さんから、こんなガテがきた。

〈出たら若頭に推薦するから。わしが言うたら、親分も聞いてくれるやろ〉

出所したら、私を竹中組の若頭に推薦するというのだ。

「津山事件」のカエシで、私は仲間四人とその日のうちに高山会長を殺るため愛人宅に走り、玄関ドアにチャカを乱射した。もしドアが開いていたら、高山会長が在宅していたら、私たちは殺人罪だ。それを覚悟で走った度胸を平尾の光さんは買ってくれたのだろう。

「津山事件」の一年前、私を竹中組直参に推薦してくれたのは竹中正久親分の実弟で当時、竹中組副組長だった竹中正だが、それに口添えしてくれたのが平尾の光さんだった。竹中組の後継者は「平尾しかいない」と誰もが口をそろえるほどの器量を持った人物で、この二人の推薦があったればこそ、私は二十八歳の若さで直参に昇格できたものと感謝していた。

（出所したら竹中組の若頭に――）

前途に洋々たる未来が広がっている。

私の胸は躍った。

正久親分からは、ずっと励ましの手紙をもらっていた。

拝啓
便り有難う。
元気で過している様子なによりです。
俺も相変らず元気にて毎日を過して居ります。

今年はいまのところ暖かいので腰も痛まず、まず〳〵です。

お前もこれから三年半の修養生活を送るのであるから、どこの刑務所に行っても、職員の云う事をよく聞いて誰にでもすかれる様に務める事だと思います。

お前もいつ迄も若い者と同じ様に「トッパ」みたいな事はせず、何をするにも良く考へて行動を起す様にしなければ、いつ迄経っても、そこらの若い者と同じ人間に見られるから、その積りで居る様に。

又出来うれば一日も早く娑婆に出れる様に頑張って下さい。

われ〳〵は体が資本であるから、くれ〴〵も体を大切にして下さい。

俺も次回の公判（二月二十二日）が済めばなんとか目鼻がつくと思います。

では今日はこの辺で。

正久

悟様

いつまでも若い者と同じように「トッパ」みたいなことはするな——この一行に正久親分の期待を感じ取り、私は頰が紅潮するのを覚えた。

その後、控訴審は棄却された。正久親分は三年半と書いていたが、判決は神戸と大阪の拘置所のそれぞれ一年ずつ未決通算をもらって五年四月の懲役だった。五年四月は長い。まさに辛抱の期間になる。

（このあいだに、しっかり自分を磨こう）

自分に言い聞かせた。

一九八三（昭和五十八）年二月末、私は再び神戸刑務所に落ちていく。

竹中正久親分が四代目山口組を継承

私が神戸拘置所に入って五カ月後の一九八一（昭和五十六）年七月二十三日、田岡一雄三代目が急性心不全で死去する。享年六十八。カリスマを失いはしたが、四代目を継ぐと見られている若頭の山本健一のもとで山口組は揺るぎはないはずだ。

山本健一組長は武闘派の竹中正久親分に絶大な信頼を置いていて、自身が若頭に就任する際、正久親分を若頭補佐に抜擢している。山本健一が四代目を襲名すれば正久親分が若頭につく可能性は高い。正久親分の出世は私たち組員の出世に直結する。出所すれば平尾の光さんが私を竹中組若頭に推薦してくれるという。ビッグチャンスが私を待っている。

（このとき、満期出所まで、あと四年九カ月——）

気持ちがはやるのだった。

ところが山本健一が健康問題で四代目就任に赤信号が灯《とも》ったことを、私は正久親分の手紙で知る。

全文を紹介しよう。［　］は私の補足だ。

拝啓
寒さ厳しい折柄、元気で過しているとの事なによりです。

俺も相変らず元気にて毎日を過して居ります。

便りによれば菅谷にいた生島［久次。三代目山口組・菅谷組若頭補佐］の事ですが、まだ親父が生きていた時ですが　昨年［一九八一＝昭和五十六年］の七月中頃に生島より電話があり、生島の云うには「波谷」が上告しているのでその事が（上告の公判）解決すれば、その折には、俺の所に相談に行くから良《ママ》しく頼むとの事でした。

又生島の云うのには、大阪や神戸の者とは縁を組む積りはないと云って居りました。

多分俺の所に来ると思います。

山健の事ですが、俺の想像では、山健はおそらく助からないと思います。

刑務所が執行停止で出すと云う事はそれだけ悪いと云う事だと思います。

細田［利明。三代目山口組若頭補佐、二代目細田組組長］が面会に来て言うには、十八キロ位い痩ているとのことです。

顔も小さくなっていると云って居りました。

なにゝしてもそう長がくはないと思います。

山健も運の悪い男だと思う。

懲役も後と半年程になって体が悪くなるとは……。

お前もくれぐゝも体を大切にする様に。

では今日はこの辺で。

　　　　　　　　　　　　　　　　　　　　　　　　　正久
悟様

いやな予感がした。

山本健一組長に万一のことがあれば四代目はどういうことになるのか。

（山広が動く）

と思った。

山本広（三代目山口組若頭補佐、山広組組長）と山本健一とは因縁がある。もし山広が四代目を継げば、正久親分は若頭どころか田岡組を結成して山口組を出るという。

二人の因縁というのは十年前にさかのぼる。一九七一（昭和四十六）年、若頭だった梶原清晴が事故死し、後任争いの入《い》れ札《ふだ》で山本広と決まったにもかかわらず、山本健一が強く反発したために就任できなかった。ヤマケンは山広をやくざとして買っていなかったのである。三年後に勃発する「山一戦争」で、一和会を率いた山広は決断力のなさから週刊誌に「明後日《あさって》の広ちゃん」と揶揄《やゆ》された。そういう山広はヤマケンや正久親分の気性とは相いれないものがあったのだった。

正久親分の手紙にあるとおり、山本健一は田岡三代目の逝去から七カ月後の一九八二（昭和五十七）年二月、あとを追うように亡くなる。

（四代目は誰が継ぐのか）

山口組が大きな時代の節目を迎えるなかで、服役中の私は「蚊帳の外」にあって黙々と懲役を務めるしかなかった。

新入の受刑者から山口組の動きは耳に入ってくる。山本健一が亡くなって四カ月後の六月、山本広が組長代行に就任する。田岡三代目の一周忌を待って山広の四代目継承が既定路線になった。

ところが三代目の文子姐《ねえ》さんがこれに異議を唱えた。「四代目は山本健一、若頭は竹中正久」というのが三代目の遺志であり、これを継ぐべきだとした。水面下での曲折を経て一九八四（昭和五十九）年五月、山口組の「長男」である「若頭竹中正久」が四代目を継承するのである。そして翌月の六月十三日、山広派とそれに同調する組が山口組を離脱して「一和会」を結成。血で血を洗う「山一抗争」が起こるのだ。

じつをいうと、正久親分自身は「四代目」を継ぐという野心はなかった。ヤマケンが亡くなってから、こんな手紙を私にくれ、心情を吐露している。

拝啓　便り有難《ありがと》う。

元気で過している様子なによりです。

俺も相変らず元気にて毎日を過して居ります。

先日渡辺が（山健組若頭）面会に来ていろ〱話してくれました。

渡辺も山健自身も死ぬとは思っていなかったので肝心な事は何一つ話していなかったとの事です。

頭《カシラ》は俺と会って話しをしたいと云っていたとのことです。

俺と頭が会って話したのは、俺が務めに行く前に神戸の紅屋《べにや》と云う料亭で会って話したのが、最後になりました。

俺の考へでは四代目は山健にやってもらう積りでした。

こんな結果になるとは夢にも思って居りません。

娑婆に居る人も皆んな困っていると思いますが一周忌までは今のまゝでいくと思います。

又週刊紙《ママ》がいろ〱想像して書くと思いますが、俺は今の所四代目になる気は有りません。

お前達が、思っている様な、そんなあまいものではないし又俺にはそんな器量はありません。

俺の様な田舎者が、四代目という名前が出るだけで満足です。

お前もこうゆう施設に入って見て事の良し悪しがよく判《わか》ったと思うが、今度出所したなら人に笑らわれない人間になってくれ。

又人に期待される人間になる様に。

では今日はこの辺で。

体には充分気を付けて。

正久

悟様

四代目を継ぐということは、そんなに甘いものではないし、自分にはそんな器量はない。俺のような田舎者が四代目という名前が出るだけで満足です——組の若い衆にこんな手紙を書き送る親分が、ほかにいるだろうか。「俺が、俺が」で競走馬が鼻先を競って走るような組長がほとんどのやくざ社会にあって、ここまで謙虚になれる親分を持って、私は幸せ者だと心底思ったものだった。

刑務所内で一気に株が上がる

竹中正久親分が四代目になるや、受刑者たちの私に対する態度が変わってきた。

私の洋裁工場は百名ほどの受刑者が作業していたが、新入で入ってくるやくざたちがみな、松下組の松下靖男組長をすっ飛ばして、

「よろしくお願いします」

と私のところに頭を下げて挨拶にくる。

松下靖男はのちに「山健にあらずんば山口組にあらず」といわれた二代目山健組の若頭だ。それを差し置いて竹中組幹部の私に挨拶に来るのだから、当代を輩出することが、どれほど力があるかわかるだろう。

その時々でいちばん力を持つ組織と人間になびくのはシャバもムショも同じだ。源氏と平家と、これからどっちが天下を取るか旗色をうかがい、勝ち色が見えたら先を争うようにして寄っていく。打算といってしまえばそのとおりだが、状況次第で手のひらも返せばすり寄りもする。これが世の中というものだ。

いま、抗争中の「六神戦争」――六代目山口組と神戸山口組の抗争も結局、原因はそこにある。主流派だった山健組が当代を外れ、弘道会の司忍組長が六代目を継承したら一転、弘道会になびいていく。立場が逆転した状況が十年続けば、山健組の井上邦雄組長にしても積年の鬱屈が昂《こう》じてくるだろう。これに歩調を合わせる十三名の直系組長が六代目山口組を離脱。神戸山口組を結成して抗争が始まる。その後、神戸山口組から織田絆誠が抜けて任侠山口組を結成、そして絆會に改名するのは周知のとおりだ。

いまでこそ私は達観したようなことを書いているが、竹中四代目が誕生したときは違った。

「よろしくお願いします」

と次から次へと頭を下げられると若い私は自分が偉くなったような錯覚に陥る。気分は最高だった。しかも平尾の光さんから出所したら私を竹中組若頭に推薦してくれるというガテをもらっている。このとき私が描いた自分の未来像は四代目を輩出した竹中組の若頭になり、二代目を継ぐというものだった。

若頭から二代目へ――前途は洋々と広がっている。夢ではない。自分の進むべき明確な目標だった。

だから本も帝王学の視点から読むようになった。『韓非子』や『論語』など中国文学が参

考になった。自分を本のなかに登場させながら、

（なるほど、帝王学はこうせなあかんのか）

と実戦的に読むのだった。

みんなに頭を下げられ、私は代紋の重みというものをひしひしと感じた。やくざとして生きていくには金屏風《きんびょうぶ》一枚あればいい。金屏風が何かといえば、「強い代紋」である。代紋が強ければ本人は座っているだけで人が頭を下げてくれる。シノギになる。反対に、いくら器量があっても代紋の弱い組に入れば、それだけで風下に立たされてしまうのだ。

これは代紋違いの場合だけでなく、同じ代紋であってもそうだ。ことに山口組のように大組織になると、傘下の組同士が債権取立などのシノギでぶつかることが少なくない。親方同士の話し合いになり、

「○○を処分せえ」

力の強い組が鶴のひと声で押し切ってしまうことになる。

弱い組にいれば、トラブルを起こすたびに指を飛ばしたり破門されたりする。強い組に行けば、それがない。だから若い衆も強い親分のもとで堂々とケンカができる。大望を抱き、器量を発揮しようと思うなら、強い代紋の組にいなければダメなのだ。

自分の親分が当代を取ったことで錯覚し、舞い上がった私だったが、自分の名誉のためにあえていわせてもらえば、竹中組という金屏風を背にしているという理由だけで、みんなが挨拶に来たわけでははない。

私は初入所のときから、刑務所では、

「竹垣はしっかりしてる」

と言われてきたし、そう言われるだけの処し方をしてきた。それなりの器量があったと自分では思っている。器量がなければ親方にはなれない。ましてや当代を輩出した竹中組だ。生半可な器量で務まるわけがないことは私にはよくわかっていた。若頭になり、二代目組長を継ぐという明確な目標を立てるからには、錯覚のなかにもそれなりの冷静さはあるつもりでいた。

だが、それでも舞い上がっていた。舞い上がっている自分に気づけなかったと、いま振り返って思う。刑務所という閉鎖社会で「竹垣さん、竹垣さん」とすり寄られ、神輿《みこし》の私をみんながヨイショ、ヨイショと担いでくれる。舞い上がらないほうがどうにかしていただろう。

出所後の自分を想《おも》い描き、胸をふくらませていたからでもないが、それまで正久親分の言いつけを守り、受刑者ともめごとを起こさないようにしてきた私が、こともあろうに松下靖男組長と激突しそうになるのだ。

ハメられて懲罰に落ちる

松下靖男組長と同房になったのは偶然ではなく、私が担当刑務官に頼んだのである。私が三級に昇格し、三級部屋に移れることになったとき、こう言ったのだ。

「おやっさん、松下靖男さんと同じ部屋にしておくんなはれ」

私は担当にかわいがってもらっていたので、二つ返事で了承してくれた。

当時、それまで初代山健組若頭で初代健竜会会長だった渡辺芳則が山健組の二代目を継ぎ、松下が若頭になっていた。なぜ、松下と同房になりたかったかといえば、「渡辺がどういう経緯で二代目を継げたのか」といったことなど山口組で主流派であった山健組内部の事情を聞いておきたかったからだ。将来、竹中組の若頭になる身となれば諸情勢について知っておく必要がある。そういう意味でも刑務所は学ぶことの多い「大学」であった。

渡辺芳則の二代目就任は松下が芯になって動いたこと、山本健一の姐さんである山本秀子が渡辺をかわいがっていたこと、さらに渡辺は若頭時代にカネで苦労していたので松下が洋裁学校をやっていた女を紹介してやり、経済的に支えていたといったエピソードなどいろいろな話をしてくれた。

私がうれしかったのは、山本健一と竹中正久親分とを比較して、こんなことを言ってくれたからだ。

「あんたのところの竹中組長は筋の通ったやくざやけど、山健初代の生き方はギャングや」

賭場に出かけてカネがなくなると、山健初代は二丁拳銃をバーンと盆ゴザの上に置いて、

「これで張らせろ」

とムチャを言ったのだそうだ。

そんな噂は私も小耳に挟んだことがあるので、

「世間で言うとおりやな」

と相槌《あいづち》を打つと、

「そうや。あんたとこの竹中組長とはえらい違う。博奕場に行ったって、山健初代はそんなムチャばっかししとった。賭場でまるっきりギャングや。山口組には有名なギャングが二人おってな。菅谷政雄とうちの山本健一。この二人が有名なギャングや。博徒いうんは竹中正久、あんたとこの親分や。テキ屋の親方いうたら小西音松。色分けはしてあった」

そんな話をしてくれたが、そう語る松下も大の博奕好きだった。

意外かもしれないが、刑務所内で賭けごとは結構やっていた。ありとあらゆるものを賭けの対象にする。たとえばムショのソフトボール大会や運動会の勝敗、のど自慢大会で誰が優勝するとか、「めくり」といって辞書など分厚い書籍のページをめくるオイチョカブとか、なんでも賭けの対象にする。私は賭けごとはしないが、五回の懲役を通して私が知ったなかで、いちばんの博奕好きは松下靖男だった。「NHKのど自慢」で次に出てくるのは男か女かまで賭けの対象にしていた。金銭は刑務所に管理されているため、賭けるのは石鹸《せっけん》やチリ紙などだ。チリ紙は貴重品で、十枚とか二十枚単位で賭けていた。

塀の外では竹中正久率いる四代目山口組と、山口組を割って出た一和会とのあいだで「山一抗争」が激しさを増していることは服役してくるやくざから聞いていた。抗争は武勲を立てるチャンスだ。平尾の光さんに出所したら竹中組の若頭に推薦してもらうとはいえ、この好機に服役している自分に私は苛立《いらだ》っていた。

だからだろう。いい関係であった松下靖男と暮れになってトラブルになる。ちょっとした言葉の行き違いからカッとした私が漫画雑誌の『週刊少年ジャンプ』を投げつけたのである。

といっても靖男さんに当たらないように配慮はした。向こうが山健の頭《カシラ》なら、私は当代を継いだ竹中正久の直参だ。ケンカになっても笑われることはない。そう思って投げつけたのである。

ところが松下靖男はさすが人物だった。普通だったら大ゲンカになるところだが平然としている。ケンカにならず、その場は収まるのだが、同房に初代山健組で若頭補佐をやっていた菊池健二がいたことからトラブルが尾を引く。自分の組の若頭がケンカを売られたのだ。菊池にしてみれば立場上、なんらかのカエシをしなくてはならない。だが、私は意気軒昂《いきけんこう》で気にもとめなかった。

それから数日後、「トンガ」というあだ名の北山隆雄《きたやまたかお》刑務官が点検で舎房を巡回してきたときのことだ。

私が定期購読している『週刊ポスト』を菊池が読んでいて、

「ワーッ！」

と素っ頓狂な声を上げた。

「菊池、どんな裸の写真見て喜んどんや」

北山が頬をゆるめながら『週刊ポスト』に手を伸ばした途端、顔色がサッと変わった。

（やられた！）

私はとっさに思った。

私と同じ姫路の人間で、図書夫をやっている黒木正美という受刑者が私のために検閲で削除された『週刊大衆』や『アサヒ芸能』などのやくざ記事を『週刊ポスト』に貼りつけてくれていたのだ。これは不正授受になり、規律違反である。懲罰を食らう。菊池がわざと大声を出すことでバラしたのだ。

だが、担当の北山は私をかわいがってくれていたのでかばおうとした。「発覚」したのではなく、「竹垣が違う記事が入っていたと申し出た」と自発的に提出したことで収めようとしたのだ。

ところが図書課と保安課の係同士が仲が悪く、反目だったことが災いした。保安は耳を貸さず、黒木正美をガンガン責め、ついに「竹垣に頼まれた」とゲロってしまうのである。私は四十日間の懲罰を食らう。

朝食から夕方六時までの十時間、独房で入り口に向かって胡座をかき、両手を太ももの上に置いて、胸を張って座っていなければならない。姿勢を崩していいのは食事と、許可を得たトイレの用足しと、就寝のときだけだ。これを四十日も続けるのだ。

菊池が黙っているはずがないことに気がつかなかったのは私の慢心である。安岡正篤の

「得意澹然」という言葉に接し、「得意なときほど、静かで安らかな気持ちでいること」という教えを学んだのではなかったか。神輿になって担がれ、得意になり、「澹然」（淡々）ということを忘れ、足元をすくわれたのである。

菊池が悪いのではない。自分が人間として甘かったのだ。私は寒さに震えながら自省し、懲罰に耐えていた。

そして一九八五（昭和六十）年一月二十七日、やっと懲罰が明けた私を待っていたのは衝撃的な知らせだった。

竹中正久四代目の射殺事件

懲罰が明けた私は四十日ぶりに新聞を手に取った。懲罰の期間は面会や手紙のやりとりはもちろん読書も禁止で、ただじっと座っていなければならない。四十日も外界と遮断されていると、気分は「浦島太郎《うらしまたろう》」である。世の中の動きを知るには、まず新聞というわけだ。

一月二十七日付の朝刊は一面が全部黒塗りにされていた。

（なんや、天皇陛下でも死んだんか）

不謹慎ながらそう思った。

刑務所で一面を塗りつぶすほどの大事件となれば、そのくらいしか考えられなかった。天皇陛下が亡くなれば恩赦が考えられ、受刑者が動揺する。秩序が第一の刑務所がいちばん嫌うことだと思った。

それから四、五日後のことだった。舌で指先をなめつつ新聞をめくっていた私は「中山勝正」という名前が目にとまった。内容は忘れたが、コラムのような囲み記事で、四代目山口組・中山勝正若頭（豪友会会長）が他組織に射殺され、その葬儀について書いてあった。コラムなので、射殺された経緯はよくわからなかったが、若頭は組長に次ぐ地位で、親子という疑似関係で成り立つやくざ組織において長男の立場だ。

（正久親分、トコトンいくやろな）

そう思った。

（シャバにおったら一番槍《いちばんやり》やのに）

抗争は自分を売り出す絶好のチャンスなのだ。刑務所にいる自分が私は歯がゆかった。

ところが、その翌日のことだ。

雑役がスーッと私が住む舎房の食器口を開けて、

「竹垣さん、あんたとこの親分、殺されましたで」

と小さい声で言った。

私はキョトンとした。

一瞬、何を言っているのか理解できなかった。

「オヤジがなんやて？」

「撃たれて亡くなりましたんや」

さらに声を落として言った。

前の日に読んだ中山勝正若頭の射殺記事が脳裏をよぎる。

「オヤジが――」

目眩《めまい》がした。

驚きの声も出なかった。

そして、その後、事件の経緯を知る。一月二十六日、一和会常任理事で悟道連合会会長の石川裕雄が指揮する襲撃部隊が大阪・江坂《えさか》のマンションを訪れた竹中正久四代目と中山勝正若頭、南力組長（初代南組）を次々と銃撃したのである。

重鎮たちを中心に山口組という大組織を割って出て結成されただけに、一和会は当初、組員の数で四代目山口組を上回っていた。人数についてはあとで知るのだが、山口組四千七百人に対して一和会は六千人。業界や世間的に名の知れた重鎮たちが率いるだけに、山口組は一和会に取って代わられるのではないかと危惧された。

だが、劣勢といわれながらも、正久親分は正式に跡目を継いだ四代目として一和会に義絶状を叩きつける。融和でなく全面戦争に打って出たところが正久四代目の器量というものだろう。構成員の数から見て全面戦争にはならず、両組織の棲《す》み分けになると思っていた一和会組員はこれに浮き足立ち、山口組はその間隙を突いて切り崩しをかけていったのである。

一和会の旗揚げは重鎮たちや幹部クラスの都合であって、菱《ひし》の代紋でシノギをしてきた組員にしてみれば身体を懸けてまで戦争する覚悟はなかったし、する意味もなかった。両組織が並び立つもの――そう思っていたところが全面戦争になるのだ。これで流れが変わった。一和会を離脱して山口組に戻る組が続出し、ジリ貧となった一和会は四代目暗殺という大勝負に出たのだった。

本来であれば組織トップは抗争相手の襲撃を警戒して鉄壁の身辺警護をする。だが、正久四代目はそれを嫌った。この豪胆さが結局、命取りになってしまった。正久四代目がなんと言おうと、トップという神輿は担ぎ手が命に代えても守り抜くべきだった。

代目を継いで二百二日。これからというときだ。四代目の器量をもってすれば一和会を瓦解させ、山口組をさらなる高みへと発展させたはずだった。

山口組は総力を挙げて報復に動いているはずだ。竹中組の面々が脳裏をよぎる。ヒットマンとして地下にもぐった者もいるだろう。私は何もできない。刑務所のなかで黙々と作業に従事しているしかないのだ。

忿怒《ふんぬ》はしかし、やがて絶望感に変わっていく。「親分が当代を取った！」「自分は将来、竹中組の若頭に推薦されるのだ！」——喜びが大きかった分だけ絶望感も大きくなる。前途に描いた人生が音を立てて崩れ落ちていく。

胸にぽっかり穴が開いた。

何も考えられなかった。

運動に出たとき、私は無意識のうちに壁に頭をガンガンと何度も打ちつけていた。

「竹垣、もうやめとけ。そんなことしたら死んでまうど」

かわいがってくれていた担当刑務官が止めてくれ、ハッとわれに返った私に、こう言って注意してくれた。

「竹垣、おまえ、ガリのときに余計なこと話すなよ」

「ガリ」とは散髪のことだ。月に一度、各工場で行われ、「散髪屋」と呼ばれる受刑者が刈る。「散髪屋」は全工場を回るため情報を持っている。竹垣のことだから、あれこれ情報を得ようとするに違いないと思ってのことだった。口を開けば規則違反の「交談」となってしまう。担当は私がどれほど正久親分に心酔していたかを知っているだけに、懲罰を気にしてクギを刺してくれたのだった。

私は四十九日間、喪に服した。おかずだけにして、ご飯粒をひとつも食べなかった。食事は刑務所最大の楽しみだ。それを断つことで自分なりの弔意を表すことにした。食事のいっさいを断つと「ハンスト」となって大きな問題になる。それで、おかずだけは口にした。四十九日で十八キロやせた。

私は出所してからのことばかり考えていた。正久親分の薫陶に報いるには、いや、子の務めとしてカエシは当然だ。

(誰を殺るか、どういうふうに殺るか——ひとりで狙うのは難しいとなれば、チームを組む必要がある。メンバーはどうするか、資金は——)

外界と遮断された世界で自問自答を繰り返すのだった。

山口組の猛攻

「山一抗争」は日を追って激化し、稲川会と会津小鉄会の仲裁によって山口組が「抗争終結決定通知」を出すまでのおよそ五年のあいだに全国で三百件を超える抗争事件が起きた。双方を合わせた死者は二十九名、負傷者六十六名、逮捕者は五百六十名という史上最悪の抗争となる。

現在、五仁會理事長で、私が最も信頼するひとりの宮前篤は当時、竹中組内大西組の若頭として抗争の最前線に立った。宮前は大西組の戦闘部隊を率いて一和会加茂田組舎弟・小野敏文を射殺。逮捕後は竹中イズムである「警察根性」を貫いて容疑を否認し、懲役十八年を打たれて下獄する。

あるいは当時、竹中組安東会・安東美樹会長（現・六代目山口組若頭補佐、二代目竹中組組長）は襲撃グループを率いて警察が厳重警戒にあたる一和会・山本広会長宅を襲い、自動小銃を乱射。警察官たちに重傷を負わせた。この大胆な襲撃事件は世間を震撼させた。安東は懲役二十年を打たれて熊本刑務所に下獄するが、ここで竹中正久四代目を射殺した実行犯の

◉宮前篤

リーダーである長野修一（山広組内同心会会長）を見つけ、殴りかかっている。

「山一抗争」については拙著『山口組ぶっちゃけ話』にくわしく書いたので、そちらを参照していただきたいが、宮前と安東については触れておきたい。

宮前は山口組のために身体と人生を懸けて走った。殺人が許されないことであることはいうまでもないが、やくざ社会という別次元の価値観において、「やくざの鑑《かがみ》」として、これは称賛に値する。だが、山口組のためにひたすら十八年間を耐え、務めながら、出所後に宮前を待っていたのは若頭から舎弟頭へという降格処分だった。舎弟というのはやくざ社会では隠居と同義語だった。

かねて大西康雄組長と意見が合わなかったこともある。私が大西をロイヤルホストに呼び出して問いただすと、組の事情があったと言っていたが、たとえどんな事情があるにせよ、この仕打ちが許されるはずがない。親（親分）が絶対というやくざ社会の価値観は、子が親のために身体を懸け、親は子の忠誠心に報いてこそ成り立つ。子が身体を懸けながら、親がそれに報いるどころか蹴落としたようなものだ。

宮前が誇りにしてきたやくざとしての人生は、この瞬間、音を立てて崩れ落ちる。矜持なきやくざ社会に絶望し、シャバに出てわずか三カ月で宮前はカタギになり、五仁會に身を投じるのだ。

安東美樹は熊本刑務所の教誨堂《きょうかいどう》で実行犯の長野修一の姿を目にする。だが、刑務所内で事件を起こせば、懲罰どころか、ひとつ間違えれば刑が増えてしまう。安東は二十年の懲役だ。刑務所は収容生活に耐えて男を磨く場所といえばそのとおりだとしても、一日も早くシャバに出たいのは人情だ。だから敵対組織の人間を見つけたとしても、普通は知らん顔をするものだ。

実際、熊本刑務所には一和会との抗争事件で山口組の人間もたくさん入っていた。当然、長野がいることもわかっていただろうし、同じ工場の人間もいたはずだが、それでも飛ぶ組員はいない。刑務所で標的を見つけて飛ぶというのは相当の度胸と覚悟がなければできないことなのだ。

ところが、安東だけが飛んだ。長野修一に殴りかかったのだ。その場面に、もし私がいたとして、果たして安東美樹のような所作ができるだろうか。なかなか難しいと思う。覚悟ということもさることながら、人生観にもよる。私は現実主義者だから、こう考えるだろう。（一和会との抗争は、すでに終わった事件だ。いま、長野に殴りかかって現実的にどれほどの意味があるのか。ヘタすれば刑が増えるだけかもしれない。大局的に見れば、ここは一日も早く出所して復帰すべきだ）

安東美樹も、むろんそのことはわかっていただろうが、やくざとしての意地を通した。立派だと思う。

二〇一一（平成二十三）年、安東美樹は熊本刑務所を出所すると三代目一心会副会長、若頭代行を歴任。二〇一四（平成二十六）年、初代柴田会・柴田健吾会長（元竹中組若頭補佐、六代目山口組若中《わかなか》）の跡目として二代目柴田会を襲名。二〇一五（平成二十七）年、「竹中組」の名跡を復活させ、二代目竹中組組長となる。現在、六代目山口組若頭補佐の要職にある。

安東美樹が姫路で事務所を開くとき、私は若い衆二人を連れ、ご祝儀を持って出かけた。カタギになった人間は普通は行かないものだ。ましてや私は五仁會という暴力団の更生支援をしている立場にある。誤解を招くようなことはすべきでないことはよくわかっている。

だが、安東美樹が竹中組の代紋を背負って山広邸を襲撃してくれたおかげで当時、私は竹中組の代紋でいいメシが食えた。安東の懲役で私はシノギをしたようなものだ。安東はもちろん私のために走ったわけではなく、山口組のために身体を懸けたわけだが、結果としてシャバにいた私は楽をさせてもらった。曲折を経て私はカタギの道を選んだが、安東はやくざとして新たな出発をする。お祝いに行くのが人間としての筋だと思ってのことだった。

これは、いま初めて書くことだが、じつは安東の若い衆のことで私が動いたことがある。義竜会に縁のあった人間で、殺しで熊本刑務所に入っていた。ケンカの仕返しをするために相手を喫茶店に呼び出して拳銃で弾いたのである。十一年の懲役に行き、ここで安東と知り合って若い衆になる。それだけ安東に男として魅力があったのだろう。

その子が安東より三年ほど前に出所するのだが、

「安東の若い衆を名乗るのは安東の組長が出てきてからにしろ。義竜会で若頭をしていた剣真文が面会に行ってそう言ったそうだ」

血気さかんな子で、間違いがあれば本人も安東も困るだろうという老婆心からだ。

ところが懸念はすぐに的中する。六代目山口組倉本組（津田功一組長）嵐興業の組員とケンカになり、ケガを負わせたのだ。組長の中山浩はやくざとしては筋金入りで、いま抗争中の神戸山口組のトップ・井上邦雄組長の別宅を弾いて現在、懲役に行っている。その中山組長ともバチバチやり、さらに六代目山口組山健組健國会とも揉《も》め、大分県の六代目山口組石井一家の人間とも揉めた。

私はすでにカタギになっているので知らん顔をしてもいい。しかし、安東美樹の武勲のおかげで竹中組にいた私はいいメシを食ってきた。その思いがある。しかも、うちに縁のあった子だ。義理と人情と両方からんでいる。

そこで私は入院して面会謝絶になっている嵐興業組員の病室に行って話をつけるため、事前に連絡して大分県の柳《やなぎ》ヶ《が》浦《うら》に出かけた。駅では剣真文たちが待っていた。クルマに乗ると、途中で嵐興業の中山浩組長らのクルマ二台に両サイドから挟まれた。私はカタギだが、肚はくくっている。やくざとしてではなくカタギとして話をしに来たのだ。先方も事情を理解してくれ、五十万円の見舞金で話をつけることができたのだった。

こんなことをいうと自分を美化するようで気が引けるが、私はカタギでありながらも安東に義理を返すために動いた。男はそうあるべきだと思うからだ。だが、現役連中のなかで義理に殉じ、「火中の栗」を拾う覚悟のある人間がどれほどいるだろうか。小利口に立ち回るばかりで貧乏クジは絶対に引かない。自分で引かないどころか他人に押しつけて引かせようとする。任侠道という矜持をなくしたやくざを暴力団と呼ぶのだ。

煩悶から「悟り」へ

　四十九日間を喪に服し、「コメ断ち」をして十八キロも体重が落ちたが、頭脳というのは不思議なもので、やせていくことに反比例して次第に研ぎ澄まされていく。忿怒、絶望、そして出所後の自分が取るべき行動についての迷いと煩悶《はんもん》から少しずつ解き放たれ、私は喪明けから次第に冷静になっていく自分を意識した。

　まだ刑期が一年半近くも残っている以上、私にできることは何ひとつない。出所後、「山一抗争」がどうなっているかもわからない。竹中組も同様だ。やくざ社会はジグソーパズルのようなもので、たとえそれが歪《いびつ》であれ、ひとつの完全な図柄としてできあがっている。だが、何かの拍子でひとつのピースが外れれば、図柄全体に波及していく。権謀術数が渦巻き、背後から弾が飛んでくる世界だ。明日はわからないのだ。

　それなのに、

（どうする、どうする）

と結論が出ないことで自分を追いつめたのでは心がしんどくなってしまう。刑務所にいる以上、考えてもしかたがない。考えすぎると頭がおかしくなってしまう。

（切り替えていかなあかん）

私はそう思った。

荒海に傾いたヨットが転覆しないで立ち直るように、私は復元力が強いのか、いつもの精神状態に戻っていた。たぶん、それは子どものころの人生の苦労で身につけた防御本能なのだろう。

（ここはまず、頭を軽《かる》うにして毎日を生きていかなあかん。何をどうするかは出所してからのことだ）

自分に言い聞かせた。

冷静さを取り戻した私は、カエシの気持ちが次第に薄れていった。親分の命《タマ》を取られたらカエシは当然だ。いま、シャバでは組員たちがチャカを抱き、長い懲役を覚悟で一和会の連中を狙っている。それがやくざの筋であるし、子の務めだ。前項で書いたように、宮前篤は加茂田組舎弟を射殺して十八年、安東美樹は山本広邸の前で自動小銃を乱射し、警戒中の警察官に重傷を負わせるなどの事件で二十年の懲役を務める。双方で死者二十九名、負傷者六十一名、逮捕者は五百六十名ということは、それだけ多くの組員が懲役に行ったということでもある。

だが、それはやくざの筋であり、子の務めであるとしても、煎じつめれば組織という代紋を守るためだ。カエシができないような組はナメられてしまう。ナメられたら、それはやくざとして死んだも同然である。意識するかどうかは別にして、カエシの根底に打算があることは否定できない。

これまで私が組事でカエシに走ったのは、そうした打算的な気持ちはまったくなかった。「姫路事件」で一番槍を務めるべく二代目木下会・高山雅裕会長の愛人宅に撃ち込んだのは、竹中正久親分が喜んでくれると思うからだ。喜んでくれる人のために身体を懸けるのだ。

だが、その正久親分がいなくなった。

「悟、ようやったやないか」

そう言って喜んでくれる人は、もはやこの世にいないのだ。

私がシャバにいたなら条件反射で走っていた。殺れば殺人罪、殺人未遂でも気の遠くなるような懲役だ。そしてヘタをすれば返り討ちになって命を落とす。どう転んでも、いまの私も五仁會もない。刑務所にいたから冷静になれた。当時、シャバにいなかった自分の不運に歯ぎしりをしたが、いま振り返れば、神さまが「おまえは更生活動に尽くすべき人間だ」と言って私に味方してくれたとしか思えないのだ。

四十九日の「コメ断ち」で自分なりの禊《みそ》ぎは済んだ。そう思った私は山広に対する仇討《あだう》ちにこだわる気持ちはすでに薄れていた。そのときの気持ちをあとになって何度も振り返るのだが、私という人間はカッとなったら見境がなくなるほどに感情の起伏は激しいが、その一瞬を過ぎてしまえば理性で自分をコントロールすることができるのだった。

私は若いころからやくざに対してどこか醒めた自分がいた。

「姫路事件」で平尾の光さんも、大西正一（初代竹中組幹部）も、高山一夫も懲役二十年を打たれるのだが、大西正一の姐さんが面会に来て、

「悟さん、うっとこ（私のところ）無期やった」

と検事側の求刑をポツリと口にした。

判決は懲役二十年だったが、私には姐さんが寂しそうにつぶやいた「無期」という言葉が重かった。

抗争事件で懲役に行った人間たちの家族の葛藤もたくさん見てきた。子どもの将来、近所の目、経済的苦労——繰り返すように少年時代に人生の辛酸をなめた私には現実の厳しさが骨にしみてわかっている。つねにどこか醒めた自分がいた。

結局、組のために身体を懸けても何も報われない。

(やくざの性根いうたら、自己満足やな)

そういう「悟り」があった。

私という人間は本能より理性のほうが強い。正久親分が殺されたいま、「竹垣さん、竹垣さん」といってみんなに担がれた神輿は、すでに神輿ではなくなっていた。

中野会に移籍

一九八六(昭和六十一)年六月十九日、私は五年四月の懲役刑を終えて神戸刑務所を出所する。

放免の迎えをしてもらってから、すぐに四代目の墓に手を合わせ、岡山拘置所に在監中だった竹中武組長に面会したが、武組長は、ちょうどその日の夕方に保釈になる。そして保釈祝いの席に呼ばれた私は、あらためて武組長から竹中組相談役の竹中正につくように指示される。

正相談役は前年の一九八五(昭和六十)年九月、「ハワイ事件」を起こしたことで多忙をきわめていた。ハワイ事件とは正相談役と織田譲治（四代目山口組舎弟、織田組組長）がハワイでアメリカ連邦麻薬取締局に逮捕され、オアフ刑務所に拘置された事件だ。二人は十九件の組織犯罪防止法、麻薬、銃器取締法の各違反と殺人謀議罪で起訴され、事件は日本でも大きく報じられたが、世間が驚愕《きょうがく》したのは「ロケット砲三門、マシンガン五丁、短銃百丁を計二十二万ドルで買うことに合意した」という容疑だった。

この報道に日本やくざ社会は「竹中組は一和会報復のためにそこまでやるのか」という本気度を見る思いだったろう。裁判は結局、陪審員を買収したことで二人は無罪を勝ち取り、逮捕の翌年、私が出所した年に帰国するのだった。

正相談役は私が渡世でいろいろなことを学ばせてもらった恩人のひとりである。盃をもらった親分ではないが、相談役付として酒の席にもよくお供させてもらった。私が竹中組の直参になった一九七九（昭和五十四）年ごろは正相談役は岡山の親分・武組長とともに「副組長」の地位にあり、竹中組のナンバー2か3という位置づけであった。相談役になったのは竹中正久親分が四代目を襲名した一九八四（昭和五十九）年からである。

竹中正——通称「まーっさん」は武組長とは性格から、何から何までまるで正反対のタイプだった。武組長がやくざの王道を貫く「やくざらしいやくざ」とするなら、まーっさんはいい意味で「やくざらしくないやくざ」ということになるだろう。

「街の顔役」としてカタギ衆から頼みごとをされればなんでも聞いてしまう。飲み屋のママから「店の経営がキツい」と相談されると店の「守《も》り」をしている組員にみかじめ（用心棒代）の徴収をやめさせてしまうこともある。姫路の水商売業者のあいだでは「保安官」と呼ばれていた。行く先々で「社長、社長」と持てはやされて頼みごとばかりされるので、

「わしゃ、竹中工務店やないど」

と言って周囲を笑わせたものである。

一年ほどついていて、まーっさんがカネ儲《もう》けしたのは、私が知るかぎり一回だけ。東京の地上げで三十億円ほど儲けたくらいだ。竹中組の威光によるシノギであろうとも、地上げはまっとうなビジネスである。

性格も価値観もやくざ観も違う武組長とまーっさんは兄弟でありながら現役時代は反目に近い状態で、竹中組は一枚岩ではなかった。

前に記したように一和会は五代目山口組の猛攻に駆逐され、稲川会と会津小鉄会による仲裁で一方的に終結宣言を出す。これを受けて山本広は一九八九（平成元）年三月十九日、自身の引退と一和会解散を表明。山本広は稲川会・稲川裕紘本部長に付き添われて山口組本部

を訪れ、四代目殺害を謝罪し、四代目と三代目の遺影に手を合わせるのだが、当の竹中組に謝罪がないとして武組長が反発。山口組との軋轢が生じ、同年六月、武組長は山口組からの離脱表明をする。

これに竹中組傘下の組織は動揺する。「山口組」という金看板を失えばシノギができなくなる。しかも山口組が「竹中組の離脱者は拾っていい」という本部通達を出したことから離脱者が相次いだが、武組長は信念を曲げず、一和会への襲撃を継続した。終結宣言を出した山口組にしてみれば仲裁に入った稲川会と会津小鉄会のメンツがからみ、竹中組を放置することはできなかった。かくして「山竹抗争」が本格化し、銃弾が飛び交うことになる。

武組長は自分の信念を貫くために組員を捨て駒にしようとしている。だが、それは組長として誤った信念だ。トップの信念とは「組員のために自分を曲げない」という責務を貫くことだ。瓦解した一和会の残党を襲撃するために山口組を脱退することが竹中組組員のためになることとなのだろうか。

竹中組がやくざ社会で一目置かれるようになったのは、竹中組の力だけでなく「山口組」という金看板があったからだ。組事で長い懲役に行っても天下の山口組に凱旋《がいせん》できるからだ。その山口組を離脱したとなれば一介の組になり、凱旋どころか出所後のシノギにも苦労する。

武組長は副組長という大幹部の席を用意されているのだ。真に組員のことを思うなら、腹の虫という自分の信念を抑え、山口組でさらなる地歩を固めるべきではないのか。そうであってこそ若い者を長い懲役に行かせることができるのだ。

やくざは自分が惚れた親分についていく。だが、武組長は自分が選んだ親分ではなかった。私が惚れた親分・竹中正久が私の収監中に山口組の当代になったことで武が自動的に竹中組組長になったため、私は立場上、その子分になったにすぎない。私の武組長に対する冷ややかな態度はこのあたりにも原因があった。ほとんどの組員が山口組に復帰することになった。

一方、山口組の猛攻は続き、竹中組若頭の大西康雄、総本部長の笹部静夫、さらにまーっさん宅に銃弾が撃ち込まれる。竹中組からの離脱が続き、もはや山口組と抗争するだけの力はない。組員のことを思うなら武組長は引退し、組員を山口組に移籍させて生かしてやることだが、武組長にその気配はない。私は竹中組からの離脱を決心した。

移籍するなら中野会だ。正久四代目を失ったいま、男を磨くなら中野太郎会長のもとしかないと思っていた。私が初犯で務めた神戸刑務所で何かと私をシメにかかる刑務官に後ろから飛びかかろうとしたときに制止してくれたのが中野太郎だ。

「おまえのことは竹中の組長に頼まれとるからな」

そう言ってもらって以来、中野太郎の存在は私の心に深く残っていた。所作、器量、そして人間性は男のあこがれだった。ケンカっ早さから「ケンカ太郎」と呼ばれている。「勇将の下に弱卒なし」といわれるように、猛者《もさ》ぞろいの山口組のなかでも中野会は正久四代目や武組長が率いた竹中組とともに伝説の武闘派組織だった。中野太郎は渡辺五代目から盃を受け、二代目山健組の舎弟頭補佐や初代健竜会相談役を務めるなど頭角を現していた。

また、当時、懇意にしていた兵庫県警のマル暴刑事で、のちに警視正にまで栄転する林《はやし》照明《てるあき》に意見を聞くと、

「中野会がええと思う」

と言われた。

肚は固まった。「ケンカ太郎」のもとで、私の新たなやくざ人生が始まる。

第4章 裁判官、弁護士をめぐる攻防戦

傷害事件で逮捕される

一九九一（平成三）年三月十日早朝のことだ。横浜・伊勢佐木町《いせざきちょう》のホテルに宿泊していた私はドアをノックする音で目が醒めた。前夜のうちに朝食でも注文しておいたのだろうか。

「ルームサービスを頼んだのか？」

傍らで寝ていた女に問うと、首を横に振った。

（誰だ？）

訝《いぶか》った。

ホテルの用事であれば、まず内線をかけてくる。部屋に直接やってくることなど、ありえない。

やくざの習性で神経が張りつめる。大急ぎでズボンをはき、シャツを引っかける。ノックが続く。足音を立てないように裸足《はだし》のままドアに急ぐとドアスコープをのぞいた。

いかつい男たち数人の背後に制服の警官が何人か立っていた。私服はマル暴だろう。襲撃ではないことを知って少し安堵しつつ、どの案件で引っ張られるのか素早く頭をめぐらせたが、思い当たることはなかった。

ノックの音が苛立たしそうに大きくなる。

ドアを開けた私の鼻先に警察手帳が突きつけられた。

「伊勢佐木署の者だ。傷害容疑で逮捕する」

逮捕状を見せられ、私は伊勢佐木署に連行されたのだった。

やくざにケンカはつきもので、傷害容疑と言われても、どの件のことなのかピンとこなかったが、「昨夜」という刑事の言葉でわかった。私はこのホテルの社長の顔面を殴りつけたのである。

事件の経緯はこうだ。

神奈川県相模原《さがみはら》市でうちの若い衆の結婚式と披露宴があり、私は会長秘書の勝村隆をともない、姫路からロールスロイスで出かけた。そして横浜のクラブ「李《り》」で吉田竜二や札幌の北林と合流した。その後、相談役の金原良雄が相模原にホテルを取ってくれていたのだが、姫路でブティックとラウンジを経営している女が伊勢佐木町のホテルに宿泊しているというので、そっちに泊まることにした。

ところがロールスロイスの車体が大きすぎてホテルの駐車場にうまく入らない。勝村が何度も前進とバックを繰り返していると、

「このクルマ、停《と》められない！」

おっさんが飛び出してくるや訛《なま》りのある日本語で怒鳴った。名前はあとで知るのだが、この男が経営者の金《キン》という社長だった。

「大丈夫や、そこどかんかい」

勝村が眉間にシワを寄せるが、

「ダメダメ、このクルマ、停められない！」

駐車させないの一点張りなのだ。

姫路ナンバーのプレートをつけたロールスロイスで、しかも私たちの風体、言葉づかいはカタギには見えないだろうに、このおっさん、やけに威勢がいい。相手がやくざ者であろうとも、このくらいの気性でなければ歓楽街の伊勢佐木町で商売はやっていられないのだろう。だが、うちの若い衆たちにしてみれば、「はい、そうですか」というわけにはいかない。クルマを降りてモメ始めた。勝村が手を出した。私は後部座席にいて成り行きを見ていたところが、なんとおっさんが勝村の胸を小突いたのである。

これには驚いた。カタギがやくざに手を出したのだ。たいした度胸というのか、無謀というのか――私は一瞬、呆気《あっけ》に取られたが、姫路から横浜くんだりまで来てナメたまねをされたとあっては引っ込みがつかない。私はクルマを降りると、おっさんの顔をいきなり殴りつけ、ロールスロイスを無理やり駐車してから女の部屋に泊まった。おっさんはその足で伊勢佐木署に駆け込んだというわけだ。

おかげで披露宴には出席できなかった。相模原のホテルに泊まっていれば事件は起こらなかったのだが、「たら」と「れば」は、しょせん後知恵である。

当時の伊勢佐木署というのは変わったところで、三月十日にパクられてから十一日後の二十一日になって、

「竹垣さん、誕生日祝い放り込んどいたから」

留置場の管理係がそう言って小さな包みがトイレットペーパーの隙間から差し入れられた。三月二十一日はたしかに私の誕生日だが、管理係が言った意味がわからず、

(なんやろ)

包みを開けたら、なかにタバコとライターが入っていた。これには、さすがの私もビックリした。刑務所での不正は受刑者が刑務官の目を盗んでやるものだが、今回はその逆なので

ある。

〈横浜はそんなところかいな〉

と妙な感心をしたものだ。あとでくわしく紹介するが、そのくらいやくざと警察署はべったりの関係だった。

中野会若頭補佐から降格

結婚披露宴に欠席したことは若い衆には申し訳なかったが、逮捕されたこと自体はどうってことはない。この事件であれば示談で済ませられる。私は楽観していた。

ところが中野太郎の姐さんから来た手紙を読んで愕然《がくぜん》とする。

〈パパがすごく怒っているよ〉

〈これはただで済まないよ〉

そんなことが書いてある。

要するに「中野会若頭補佐という大幹部がカタギを殴るなんてもってのほか」ということなのだ。そして若頭補佐として中野会に迎えられた私は移籍早々にしてヒラに降格処分になったのである。

中野太郎は面会に来ない。手紙も来ない。怒りのすさまじさを感じ、中野会の反応の早さに驚きつつも、私は納得がいかなかった。

カタギを殴ってパクられたということは、たしかにほめられたことではない。だが、カタギにナメたまねをされて黙っているわけにはいかない。中野会のメンツにかかわる。私にしてみれば、カタギを殴ったのではなく、ナメた相手がたまたまカタギだったということにすぎない。竹中組であれば相手を殴るのは当然のことだ。そもそも金社長がやくざ相手にヒステリックに叫んだことが間違いなのだ。中野会に移籍したばかりの私は竹中組にいたときと同じ感覚でいたのだった。

竹中正久親分に心酔し、正久親分亡きあとは中野太郎会長にあこがれ、「親」に喜んでもらいたい一心でやくざをやっている。それなのにヒラに降格するとは厳しすぎるではないか。私は激しいショックを受けた。

と同時に、なぜ、そこまで中野太郎が怒るのか理解できなかった。私は兵庫県警マル暴の林照明に中野太郎親分に会って腹のうちを聞いてくれるよう頼んだ。前述のように林さんは私に中野会をすすめた刑事課長で、中野太郎と懇意だった。

林さんは中野太郎親分に会ってくれ、私の胸のうちを伝えてくれた。

「太郎さんが〝半年だけ辛抱してくれ〟と言うとるで」

半年ほどヒラで辛抱すれば、元に戻す——そういうことだった。

私は中野太郎親分の腹がわかった。中野会は一九八九（平成元）年に五代目山口組の直参に上がったばかりで出世のスタートラインに立ったところだ。だから中野会を引き締めようとした。中野会のカラーをこれから出していくうえで、あえて私を見せしめにしたのである。

「カタギの人を殴ったらあかんで」

と口で注意するより、若頭補佐をヒラに降格したほうが組員にはわかりやすい。

「竹垣、なんで降格になったんや？」

「横浜でホテルの経営者殴ったらしいで」

ということになれば、

（ああ、カタギを殴ったらこうなるんやな。気ぃつけなあかんな）

組に筋が一本通る。

荒療治だが、それを断行してみせるところが中野太郎という男なのである。

若頭補佐からヒラへの降格は大関が一気に平幕に陥落するようなものだ。降格はヘタを打

◉義竜会を率いていたころの筆者

った証拠で、世間の聞こえも悪い。だが、私には自信があった。若い衆も中野会ではいちばん多い。ヒラに落とされたからといって、義竜会という「竜」がトカゲに身をやつすわけではない。竜は竜なのだ。謹慎させられたわけではなく、シノギもつきあいも、これまでどおりで、何も変わらないのだ。

予定どおり半年間だけヒラでいて、私は若頭補佐に復帰するのだが、それと傷害事件の裁判とは別物だ。弁護士を立てて法廷で争わなければならない。裁判と弁護士の実態について、私がどういうことになったかを書いておきたい。弁護士によって裁判の結果は天と地の差が出てくるのだ。

弁護士の暴走で法廷は大混乱

この事件は示談で済ませられる案件だ。経験で私にはわかっている。弁護士も腰が低くてよかった。示談は居丈高な態度で臨むと、話が壊れる。先方は被害者なのだ。怒らせてしまうと、

「じゃ、裁判で白黒をつけようじゃないか」

ということになってしまう。

相模原の地元の知人が探してきた渡辺《わたなべ》という横浜の弁護士は温厚で、いつもニコニコしている。示談には持ってこいだった。

「二百万円で示談はまとまりそうです」

という報告を、私は渡辺弁護士から受けていた。

これで懲役はなんとか免れるだろう。私は検事を刺激しないように、事件を一部認めている。検事に頼んで共犯になった勝村にこっそり手紙を書かせてもらい、

「全部、正直に言うてまえ」

と伝えてある。

「仮に起訴されても、示談が済めば保釈がききますから」

と渡辺弁護士は言っていた。

ブン殴っただけで二百万円はもったいないが、懲役に行かなくて済むのだから、これはこれでよしとすべきだろう。示談金は起訴の前に渡してある。いい弁護士をつけてくれたと安堵していた。

ところが私の関係者が、

「渡辺弁護士は頼りないでぇ。ハイハイ言うて裁判官の言いなりや」

と言い出し、もうひとり、安倍《あべ》巌《いわお》という弁護士を連れてきたのだ。

「安倍先生は〝昭和の巌窟王《がんくつおう》〟を無罪にした弁護団長やで」

と関係者が言った。

「昭和の巌窟王」と呼ばれた吉田石松《よしだいしまつ》事件は一九一三（大正二）年八月に名古屋で起こった殺人事件で、名前は私も知っていた。逮捕された吉田石松は一審で死刑、控訴審で無期懲役となり、二十三年を獄中で過ごして仮釈放になる。戦前、戦後を通じて再審請求を続けるも、すべて棄却。八十歳になる吉田石松は日本弁護士連合会人権擁護委員会に訴え、一九六三

（昭和三十八）年二月、無罪判決を勝ち取る。

安倍弁護士はその弁護団長ということだった。示談はすでにまとまっている。いまさらという気がしないでもなかったが、知人のせっかくの好意だと思い、あえて反対はしなかった。

ところが、

「こんなもんで起訴するのはおかしい！」

公判でケツをまくり、私たちに、

「否認せえ！」

と言ったのである。

これで裁判がおかしなことになってしまった。丸く収まるなら裁判官の言いなりで構わないのに、ケンカを売ってしまった。「裁判を長引かせるだけ長引かせてやる」と安倍弁護士が言っていると伝え聞いた。裁判が長引けば、それだけ弁護士は儲かる。たぶん、そういうことのようだった。

しかも否認されて検事も怒った。

金社長を証人に立て、

「示談した覚えはありません」

と証言させたのである。

渡辺弁護士はサジを投げた。裁判から降り、金社長に渡した二百万円の示談金は捨て金になってしまった。

「これやったら保釈もきかへん」

さすがに知人も心配になったらしい。伝手《つて》を頼り、当時、東京都議でドンと呼ばれた創価《そうか》学会《がっかい》の重鎮・藤井富雄《ふじいとみお》議員にお願いし、福島啓充《ふくしまひろみつ》先生に弁護の口添えをお願いしてくれた。

福島先生は当時、創価学会の副会長で顧問弁護士を務めていただけでなく、東京弁護士会副会長という斯界《しかい》の重鎮でもある。新麹町《しんこうじまち》法律事務所の所長で、ここには吉永祐介《よしながゆうすけ》という元検事総長（田中角栄のロッキード事件を担当した主任検事）も所属していた。

「やくざの弁護はしないのだが、しかるべき人の紹介だから引き受けます」

福島先生はそう言ってくれた。私の母が一九九五（平成七）年一月四日に亡くなったとき、福島先生は多忙で通夜、葬儀には来られないからと連絡があり、後日、姫路まで墓参りに来てくれた。そういう義理堅い人だった。

「罪状を認めなさい」

福島先生が言った。

「警察の取り調べで認めているのに、裁判でいきなり否認してもダメです。認めたら保釈をきかせますから。竹垣さん、言っておきますが、一審の判決が下りたら被疑者でなく被告です。したがって一審の保釈はききやすくても、控訴審での保釈はまずありませんよ」

もともと私は罪状を認めているのに、安倍弁護士が裁判でケツをまくったことでおかしくなったのだ。

「はい、私がやりました」

素直に認め、保釈がきいたのだった。

一審は一年の懲役。保釈になって控訴したが棄却。未決四月を引いてもらい、残り八月を神戸刑務所で務めることになる。

余談ながら後年、藤井富雄議員が中野太郎に会ったといって週刊誌で騒がれる。

「中野太郎に会いましたか？」

記者に問われ、正直者の藤井議員は、

「会いました。背の高い人やから、あの人やと思います」

と答えるのだが、じつは藤井議員の勘違いで、会ったのは私だった。神戸刑務所を出所した私が、お礼を言うために藤井議員を都庁に訪ねて会ったのである。中野太郎と私がごっちゃになったのだろうが、中野太郎に間違われたのは、私にとってうれしいエピソードでもあった。

裁判で得た教訓

被告は法律に則《のっと》って裁かれる。これが裁判の根幹であり、裁判の公平性が刑法によって担保されている。だが、忘れてはいけないのは、判決を下すのは裁判官という「感情を持った人間」であるということだ。

（こいつ、黒やな）

と思えば有罪。

（白やな）

と思えば無罪。

（よう反省しとるやないか）

と思えば執行猶予がつく。

これまで何度も裁判を受け、自分なりに勉強してみての結論は、

「裁判といえども、結局は人情が大きくものをいう」

ということだ。

裁判官がどんな判決を下すかについては民事訴訟法第二百四十七条にこう規定されている。

〈裁判所は、判決をするに当たり、口頭弁論の全趣旨及び証拠調べの結果をしん酌して、自由な心証により、事実についての主張を真実と認めるべきか否かを判断する〉

持って回った言い方をしているが、「自由な心証」とは、要するに裁判官の感情ということで、心証に従って自由な判断をしていいと民法で決められている。これを「自由心証主義」という。

ならば前項で書いた安倍巌弁護士のように、

「こんなもんで起訴するのはおかしい！」

と公判でケツをまくれば、裁判官の「心証」は当然悪くなる。

繰り返すが、裁判官も人間なのだ。職責に則って客観的に事件を見ようとするだろうが、感情を理性でコントロールしようとすること自体、感情は無視できないということの証左でもある。裁判所は判例主義なので、判例に従って判決が下されるわけだが、無罪か有罪かという天国と地獄を決めるのは結局、裁判官の心証が左右するということは知っておいたほうがいい。

だから裁判に臨んでは裁判官に好かれるようにする。

やくざであれば、

（コワモテだけど、一本気で、よさそうな男だな）

と評価される人間でなければならない。

カタギであっても、たとえば介護の疲れから肉親を殺《あや》めた事件などがその典型だろう。同じ殺人事件でありながら、「罪を憎んで人を憎まず」という温情の判決も下されれば、「罪を憎んで人も憎む」という厳しい判決も下されるのである。

だから裁判官を怒らせたり、挑発したりしても得になることは何ひとつない。公判での発言は一字一句、裁判記録に残り、控訴審では裁判官はその記録を精読する。

（この男、どうにもならんな）

と思われれば、それだけで大きなハンディになる。

だから、

「それ、違うやんけ！」

と検事の主張を聞いていたら怒鳴りたくなることもあるが、裁判官の心証を第一に考えれば、ここは辛抱である。辛抱が大事なのはシャバや刑務所だけでなく、法廷でも、いや人生のすべてにおいて大事だということなのだ。

このことを、しっかり肝に銘じたうえで弁護士を選ぶこと。弁護士はとにかく相性が大事。安倍弁護士が加わったとき、

（大丈夫かいな）

と私が危惧したのは、弁護士としての能力云々《うんぬん》より、私と肌合いが違ったからだろうと思うのだ。

安倍弁護士は腎臓を患っているため、病院で透析治療をしていたのだが、公判の日程によっては宿泊料を請求してくる。裁判を長引かせるだけ長引かせてカネにしようとすることはすでに書いた。万事、カネ、カネなのだ。

（ちょっと、おかしいんちゃうか？）

そう思ったときに手を打てばよかった。直感は往々にして正しいことがあるのだ。

顧問弁護士を抱えていた竹中組

「医者と弁護士は友だちに持て」といわれる。

どちらも高度の知識を要する専門職であり、命と人生にかかわるからだ。患者や依頼者は言いなりになるしかならず、ボッタクられてもわからない。だから友だちに持てというわけだ。友だちであれば本気で助けてくれようとする。

やくざにとって裁判は、つねについて回るものだけに、弁護士は「命綱」のようなものだ。腕のいい弁護士がつけば量刑が軽くもなるだろうし、無罪の判決を勝ち取ることだってある。無期を打たれれば人生は終わるが、有期に負けさせることができれば復活することも可能になる。だから弁護士はやくざの「命綱」というわけだ。

だが、やくざが「反社」と呼ばれる現在、やくざの代理人になる弁護士はごくかぎられている。現役の連中に聞いても、

「弁護を受けてくれへんですわ」

と口をそろえる。

やくざといえども人権があり、法のもとに平等のはずなのに、現実はそうではない。やくざであるというだけでアパートは借りられない、クルマは購入できない、通帳もつくれない、保険も入れない――反社会的存在として社会から徹底的に排除されようとしている。

取り締まりも、やりすぎるのは「天に唾する行為」であることに警察は留意すべきだ。刑務所で読んだ本に「狡兎《こうと》死して走狗《そうく》烹《に》らる」という故事があった。ウサギが捕り尽くされれば猟犬は不用になって鍋で煮られるということから、ウサギと猟犬は相手があってこそ存在意義があるということになる。やくざが消滅すれば、警察も人員整理をすることになるだろう。この世の中に法律で解決できない問題がある以上、やくざは絶対になくならない。ならば警察も社会も、むしろ持ちつ持たれつの良好な関係でいるほうがいいと思うのだが。

さて、弁護士の話だ。

山口組の顧問弁護士だった山之内幸夫《やまのうちゆきお》先生が「山口組の守護神」と呼ばれていたことはよく知られている。著書も多い。『悲しきヒットマン』（徳間《とくま》書店）は東映で映画化されて大きな話題になった。

山之内先生と山口組のかかわりは、もともと小田秀臣（三代目山口組若頭補佐、小田秀組組長）の弁護士をやっていて、そこから宅見勝（五代目山口組若頭、初代宅見組組長）と知り合い、気が合って山口組の顧問弁護士になったと聞いている。やくざも上に行くほど人間的に立派な人が多く、山之内先生もそういうところに惹かれて弁護を引き受けていたのだろうと私は思っている。

それだけに山之内先生は当局にとって「目の上のたんこぶ」だ。しかも「山口組の守護神」としてメディアに登場する。暴力団追放という世論の高まりのなかで、当局も山之内先生を野放しにしておくわけにはいかない。

狙い撃ちした。

一九九一（平成三）年、大阪府警は恐喝未遂容疑で逮捕、起訴に持っていく。裁判は六年におよび、無罪を勝ち取ったものの、二〇一四（平成二十六）年に建造物損壊教唆罪で在宅起訴。翌年に有罪が確定して弁護士資格を失う。

やくざが「反社」とされ、その「守護神」といわれれば当然、批判はあるだろう。だが、人間は属性にかかわらず、法のもとにおいて平等である。裁判に臨んで弁護士が持てる能力を駆使して弁護するのは職業倫理からして当然のことなのだ。六十八歳で弁護士資格を剥奪された山之内先生は、

「この年でもう一度、弁護士資格を取って始めるのはしんどい」

と言っていた。

現在、山之内先生は健筆を振るう一方、ユーチューバーとしても活躍している。ものごとがハッキリした人で、芝居が好きで、自身もかつては俳優志望だったと聞いている。実際、弁護士役で映画『難波《なんば》金融伝・ミナミの帝王』にも出演している。そんな人間味のある山之内先生が私は好きだ。やくざ社会にとって惜しまれる弁護士だった。

初代竹中組に顧問弁護士がいたことは前に触れた。川村壽三という検事上がりの弁護士だ。私が一九七八（昭和五十三）年に初入で神戸刑務所に入るときの事件も竹中組からこの先生をつけてもらった。二回目にパクられるときまでお世話になったが、途中で体調を悪くされて息子さんに代わった。やくざを弁護する弁護士は検察という国家権力と真っ向から戦うわけだから、一種の変わり者といってもいいだろう。

川村先生は竹中正久親分がみずから顧問弁護士をお願いしたということだ。正久親分とは検事時代からお互いがよく知っていて、弁護士に転身したのを機に依頼をしたのだと思う。人物眼に厳しい正久親分が見込んだのだから、二人は波長が合い、意気投合したのだろう。私が竹中組に入ったときには、すでに川村先生が顧問でいた。頼りがいがあり、優秀な弁護士だった。

扱う案件は傷害や恐喝がほとんどで、こうした案件は弁護士の腕が大きくものをいう。ヤメ検の川村先生は検察の捜査手法や立証の狙いなど手の内がわかっているし、検察に顔もきく。阿吽の呼吸で事件の落としどころもわかる。

「この案件は握る（不問にする）から、その代わり、こっちの案件はかぶってくれ」

そんな取引もあったであろうことは私の経験から容易に想像がつく。ここにヤメ検の強さがある。川村先生は弁護士ではあっても雰囲気は検事そのままの人。正久親分と話すときは笑顔も見せるが、クールで責任感が強く、頼りがいのある弁護士だった。

当時、組に顧問弁護士を置いたのは竹中組くらいのものだろう。これは正久親分の方針で、組員がそれぞれ弁護士をつけたのでは、誰が何をしゃべっているかひとりずつ調書を取り寄せなければならないが、顧問弁護士がいて一手に弁護を担当していれば、そんな煩雑なことは不要というわけだ。

竹中組は若い衆の会費と別に、弁護士費用など何かあったときのためにお金を積み立てしていた。当時、山口組の二次団体で顧問弁護士がいた組はほとんどなかったと思う。経済やくざと呼ばれる親方が出てくるのはバブル時代以降のことで、それまでは親方といえどもカネは潤沢ではなかった。弁護士費用の積み立てという発想は正久親分のクレバーさを何より物語っているだろう。

もし暗殺されなければ、のちの山口組はまちがいなく変わっていた。歴史に「もしも」を問うことは意味のないこととわかってはいるが、間近で正久親分の器量を知る私は「もしも」をどうしても問いたくなるのだ。

傍聴でプレッシャーをかける

やくざは、つねに「懲役」の二文字を背負って渡世を張っている。

したがって、例外はあるものの、懲役の経験がない親方は自分でヤバイ場面を経験していないということになる。これは任侠道から見て間違っている。若い者が組のために走ろうとしたら、

「おまえら、じっとしとけ」

と制し、かつての東映映画の高倉健や鶴田浩二のように自分が乗り込んでいく。これが本物の任侠道だと私は思っている。

自分は安全地帯にいて、

「あっち行け、こっち行け」

と指示を飛ばすのは本来のやくざではない。

私が何度も懲役に行ったことを肯定するわけではないが、

「おう、おまえ、行かんでもええ。俺が行くわ」

そうやってきたし、そのことはやくざとして誇りを持っている。懲役がいやなら足を洗ってカタギの勤め人になればいい。言い換えれば、やくざは懲役に行ってなんぼだと私は思っている。

とはいえ、誰だって懲役に行きたくはない。刑期は少ないほうがいいに決まっている。だから前に書いたように、裁判では裁判長の心証をよくしたいと思う。だが、やくざとして男を売ろうとするなら、判決で不利になるとわかっていながら、法廷ではええカッコを言わなければならないときもあるのだ。

たとえば私が「監禁致傷」で二回目の懲役に行ったときがそうだ。前述のように私の女のマンションに入り込んでいた忠成会の組員の頭を包丁の峰でバシバシ叩いた事件だ。公判が開かれると、当時、私が若頭を務めていた坂本会から坂本義一会長以下、組員たちが大挙して傍聴にやってきた。共犯で兄弟分の西村学は否認している。私も「そんなん、知らん」と突っぱねておけばいい。

だが、私が否認すれば、「じゃ、やっぱりおまえか」ということになって西村の罪が重くなる。

傍聴席から坂本会長たちが見ている。

私は胸を張って言った。

「あれ、私がやったんです」

事件をかぶったのである。

判決は私が五年四月の懲役、西村は本来なら私と同じ量刑になるべきところを二年で済んだ。私がかぶったことで量刑はそのくらい違ってくる。傍聴していた坂本会長も、組の者も、

「竹垣は命乞いせんと、潔く懲役に行った」

と評価してくれたのだった。

だから組員たちによる傍聴は一種の威圧でもある。いまは傍聴券が必要だが、昔はそんなものは不要だったので、組から大挙して傍聴に行った。親分が来ている、若頭が来ている、兄弟分が来ている——ということになれば、罪状について素直にハイハイとは言えない。

「そんなん、男として退《ひ》けんやろ」

タンカのひとつも切ってカッコをつけなければならない。カッコをつければ裁判官の心証が悪くなるから、一年で済む懲役でも一年半になってしまう場合がある。

心証をよくしようと従順な態度を取れば、

（あいつ、なに尻尾振ってんねん）

男として安目を売ることになる。

高い判決をもらっても平然としていなければならない。内心、動揺していても、男を売るためには、それを表に見せることはできない。傍聴していた実話系の雑誌も〈○○組員は平然としていた〉と記事に書く。

「さすが、××組の○○はしっかりしとるな」

という評判と引き換えに、割り増しがついた懲役に行く。組の者に傍聴に来てもらって、うれしいことはひとつもないのだ。

二〇二一（令和三）年五月、いま抗争真っ最中の「六神戦争」で六代目側が神戸山口組・熊本組に銃弾を撃ち込んだ。銃刀法と火薬で済んでいる事件であるにもかかわらず、

「殺すつもりやった」

と言ってしまう。量刑は当然、重くなる。

同じく「六神戦争」で朝比奈久徳（元二代目竹中組組員）が二〇一九（令和元）年十一月、兵庫県尼崎市の繁華街の路上で自動小銃M16を掃射し、古川恵一（二代目古川組）を蜂の巣にした。朝比奈は公判で起訴内容を認めたうえで、

「山口組の裏切り者を殺して有名になりたいと思った。インパクトがあると思い、自動小銃を使った。神戸山口組の人間を殺して男になりたかった。自動小銃の入手先は言えない」

などと述べたが、傍聴席には朝比奈がかつて所属していた二代目竹中組の安東美樹組長の姿があった。朝比奈にとって、これは相当のプレッシャーであっただろうと私は経験から察する。反省の弁を述べることなく、「男になりたかった」という強気の発言の裏に、私は朝比奈の苦衷を思うのだ。

神戸地裁で無期懲役の判決が下り、朝比奈は大阪高裁に控訴するのだが、控訴審が始まる前、安東はなんと朝比奈を養子にした。朝比奈は安東姓となったのだ。これには私も驚いた。実話系雑誌は、安東が朝比奈のジギリ（組のために身体を張って懲役に行くこと）に報いたとし、朝比奈もこれに感激したと美談で報じた。

だが、私の見方は異なる。大阪高裁が控訴棄却し、最高裁が上告を棄却して無期懲役が確定するのだが、安東という六代目山口組の最高幹部と養子縁組したことで、朝比奈に仮釈放

の芽はなくなった。無期でも三十年を務めれば仮釈で出られる。朝比奈は死ぬまで刑務所で過ごさなければならない。安東の真意がどこにあるのか。機会があれば聞いてみたい気もするのだ。

物議をかもした工藤會・野村総裁の言葉

お上には逆らわない。

やくざは基本的にそうだ。サミットやオリンピック、総選挙など国家的行事があるときは抗争中であっても騒ぎは起こさない。「サミット休戦」「オリンピック休戦」などという言い方で実話系雑誌は報道する。

盃事《さかずきごと》では博徒もテキ屋も祭壇に掲げる三神《さんじん》の真ん中は「天照皇大神《あまてらすおおみかみ》」で、この神さまは天皇の祖神である。やくざ一家は疑似家族制であり、組長をトップに階級がきっちり定まっていることからもわかるように、「反社」といわれながらも本質は体制派なのだ。

だから、お上には逆らわない。裁判で判決が言い渡されれば、「ありがとうございました」と言って裁判長に頭を下げる。私もそうしたし、これまで多くの裁判を傍聴してきたが、た

いてい謙虚な態度を見せる。判決に不服があれば、控訴すればいいだけのことで、判決に対して、

「冗談じゃない！」

と暴言を吐く人間は、まずいない。

ところが二〇二一（令和三）年八月二十四日、福岡地方裁判所で開かれた判決公判で被告の工藤會総裁・野村悟被告に死刑の判決が言い渡されたとき、野村総裁は足立勉《あだちつとむ》裁判長に向かって強い口調でこう言い放った。

「公正な判断をお願いしたんだけど、全部推認、推認。こんな裁判あるんか。あんた、生涯、このこと後悔するよ」

そして無期懲役を言い渡された工藤會会長・田上不美夫被告は、

「ひどいな、あんた、足立さん」

と述べた。

足立裁判長は二度、

「退廷してください」

と求めた。

このときの様子を報じるニュースを見て私は驚いた。やくざ組織トップへの死刑判決は史上初ということで注目を集めたが、「後悔するぞ」と裁判長に対して脅しとも取れるセリフを口にしたやくざも史上初だった。

検事や判事を脅したところで、官は都合が悪いと思えばすぐに担当を代えてしまう。脅すのは意味がないことをやくざなら百も承知。それなのに野村総裁があえてあのセリフを口にしたのは、無罪になるものと確信していたからではないか。

事件に関与したという直接証拠はないのだ。裁判長が「野村被告が実質最上位と推認できる」と言及すると、野村被告は首を傾《かし》げ、ため息をついて天井を見上げたという。

野村総裁の弁護人も、

「とんでもない判決です。ひどい判決。それだけ」

と述べ、判決を不服として控訴する考えを示した。

「あんた、生涯、このこと後悔するよ」

と脅しとも取れる言葉を口にしたところで裁判にプラスにならないことは野村総裁もわかってはいても腹の虫が治まらなかったのだろう。

野村総裁はその後、

「脅しや報復の意図ではない。言葉が切り取られている」

と説明していることが明らかにされた。

「公正な裁判を要望していたのに、こんな判決を書くようじゃ、裁判長として職務上、〝生涯、後悔するよ〞という意味で言った」

と言うのだが、これをそのまま鵜呑《うの》みにしていいかどうか。

周知のように工藤會は北九州を拠点に活動し、全国で唯一、「特定危険指定暴力団」に指定されている。暴力団追放運動にかかわった経営者の店に手榴弾《しゅりゅうだん》を投げ込んで十三人が重軽傷を負った事件や、暴力団と手を切ろうと業界に呼びかけた会社役員が自宅前で殺害された事件など一般市民を狙った凶行は世論の批判を浴びた。実行犯の組員をいくら逮捕しても事件は繰り返され、トップの関与が疑われたが、事件を指示した直接証拠はない。

そこで検察は一般市民を狙った四つの事件にかかわったとしてトップ二人を逮捕、起訴し、証言を積み重ねることで二人の関与を立証するという異例の裁判に臨んだのである。

私だけでなく全国のやくざ組織トップは判決を注視した。組員が走れば親分も罪に問われる可能性があるとなれば、今後の組織のあり方に大きく影響するからだ。

結果は死刑と無期懲役。しかも直接証拠も自供もなく、「推認」による判決だ。推認というのは推測して認めるということで、これは親方たちにとって今後、ますます脅威になるだろう。

これまでも「推認」による有罪判決はあった。桑田兼吉（五代目山口組若頭補佐、三代目山健組組長）、司忍、瀧澤孝（五代目山口組若頭補佐、芳菱会総長）――彼らは自分では拳銃を持っていないし、若い衆に「持て」と命じてもいないにもかかわらず、拳銃所持の共同正犯で懲役に行った。だが、どれも有期刑で、野村総裁や田上会長のように無期はもちろん、死刑判決は初めてである。控訴審でどうなるかわからないが、死刑判決が与えた衝撃は計り知れないものがある。

それにしても、死刑判決に野村総裁が放った言葉はやくざ組織が置かれている現状を何より物語っている。やくざは親分の意向を忖度《そんたく》して実行に移す。これが思考回路だ。野村総裁が「脅しや報復の意図ではない。言葉が切り取られている」と弁明したとはいえ、あの言い方では、

「裁判長を殺れ」

と捉える組員は少なくない。

かつての工藤會であれば、若い者が足立裁判長を狙って走っている。だが、工藤會も当局

に徹底的に狙われて弱体化したいま、走る者はいないだろう。野村総裁が裁判で放った前代未聞のあの言葉は、沈みゆくやくざ社会の断末魔のように私には聞こえるのだ。

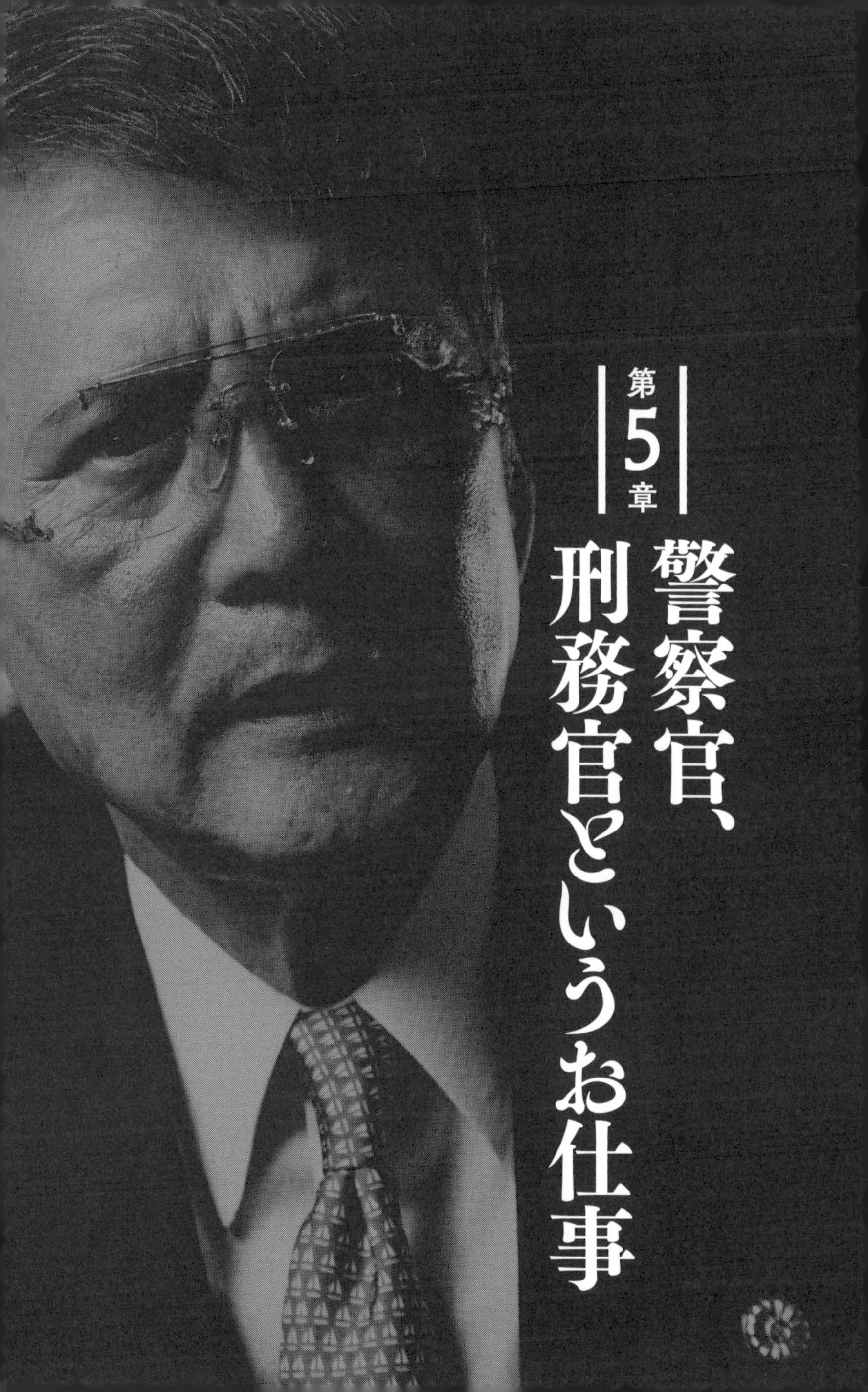

第5章 警察官、刑務官というお仕事

「握り」を拒否して懲役へ

一九九八（平成十）年、競馬のノミ行為（競馬法違反）で私は京都刑務所に収監される。これが四回目の懲役となるのだが、このとき私は中野会から初代古川組に移籍している。

これまで私は坂本義一、竹中正久、竹中武、中野太郎とは親子の盃を交わしているが、兄貴分を持ったのは古川雅章初代だけで、私は舎弟頭補佐を務めていた。どの親分もやくざとして一本筋が通っていて、打算で生きることを許さなかった。なかでも古川初代は徹底している。曲がったことが嫌いで、血気さかんな若い時分は、

「カニは横歩きするから食わない」

「エビはバックするから嫌いや」

とよく言っていたらしい。五人の親分の側近として薫陶を受けたことは、私にとって人生の財産だと思っている。

古川初代はすでに紹介した松野順一組長とともに初代大平組の出身で、「動の古川、静の松野」と並び称され、大平組の二枚看板と評された大幹部だ。前章で書いた朝比奈久徳が自

動小銃M16で射殺した古川恵一・二代目は初代の実子である。

私が古川組に移籍した直接の原因は中野会による宅見勝・五代目山口組若頭の射殺事件だった。射殺事件の真相と私の移籍の経緯については拙著『若頭の社会復帰と三つの山口組の行方　中野太郎の激震から七代目の野望まで』（徳間書店）にくわしく書いたが、移籍の経緯をかいつまんで説明しておくと、中野太郎が五代目山口組から絶縁処分を受けたことで、中野会の者はいったん三代目山健組・桑田兼吉組長の預かりとなったのち、山口組内の各組織に割り振られる。私は片岡昭生組長（三代目山健組本部長、片岡組組長）の仲介で桑田兼吉の舎弟盃を受けることになっていたのだが、最終的には初代古川組に移籍になったのである。

ちなみに古川初代が二〇〇五（平成十七）年に引退し、実子の恵一に二代目を譲ったときに私も一緒に引退する。その翌年、古川初代が亡くなる。訃報を聞いて本宅に駆けつけると、枕元に盃を置き、今生《こんじょう》の別れの水盃《みずさかずき》にしたのだった。

さて、競馬のノミ行為による逮捕である。

じつは刑事から「握り」（取引）を持ちかけられ、それを拒否したため懲役に行くハメになったのだ。

逮捕のきっかけは密告《チンコロ》だった。私は若いころからずっと競馬のノミ屋をシノギにしていたのだが、負けた客が腹いせに警察にチンコロしたためパクられてしまった。

そのとき刑事から、

「竹垣、チャカ一丁出すんやったら、この事件、握るで」

と持ちかけられた。「首はいいから、チャカは公園でもロッカーでもどこでも放り込んでくれればいい」――出頭はしなくていいから、チャカだけ出してくれればノミ行為の件は握る（不問にする）という取引である。この刑事の上司も「チャカ出したら握る」と言明した。

チャカの押収は検挙の点数が高いのだ。警察にしてみれば、競馬のノミ行為で引っ張ったのではたいした点数にならないだけでなく、客の調べもしなければならない。労多くして報いの少ない事件だ。

それに引き換え、チャカの押収はブツさえあればいい。楽で、しかも点数が高いとなれば、「握り」を持ちかけたくもなるだろう。銃器摘発のノルマがあるとも聞いている。エビで鯛《たい》を釣るがごとく、ノミ行為をエサにチャカの押収を釣り上げようというわけだ。

私にとっても悪い話ではない。チャカはもったいないが、身体《ガラ》を取られるわけではない。刑事もそう思って持ちかけたことは表情でわかる。だが、足元を見るような取引を持ちかけられて私はカチンときた。

「ええですわ」

「なんでや？」

まさか断ると思わなかったのだろう。刑事が目を剥いたが、私はそう言ったきり、そっぽを向いた。

足元を見るような刑事の態度も気に食わなかったが、一回それを呑めば、

「会長はデカと取引した」

と思われてしまう。

さらに私が警戒したのは、この取引は自分の首を絞めることになるという危惧だった。

「義竜会の連中はパクればチャカを出してくる」

となれば集中して狙ってくる。敵の弱い部分を攻めるのが戦いの常道なのだ。

だが、突っ張れば刑事も意地になる。

「よっしゃ、わかった、好きにせぇ」

こうした経緯があって、私は競馬法違反容疑で逮捕されるのだ。

罪状を認めていることもあって保釈が取れた私は、収監されるなら勝手知ったる神戸刑務所がいいと考え、弁護士に言って大阪高検の検事と話をしてもらった。豊岡《とよおか》拘置所（兵庫県

豊岡市）であれば判決と同時に神戸刑務所に直行となるということなので、私は出頭先を豊岡拘置所にした。どうせ数カ月の「しょんべん刑」だ。ちょっとの辛抱だとタカをくっていたところが、姫路署から傷害事件で「引き戻し」が来たのである。

寝耳に水だった。

事件の発端は五代目山口組・大石組系牧組の青木組員が夜、私が留守しているときに自宅に立ち寄ったことだ。

私が韓国クラブ「ゴールデンソウル」で飲んでいると、家から電話が来た。

「お父さん、牧組の三条さんいう人が来とるで」

三条という組員に心当たりがない。

「ひとりか？」

「いや、何人かおるみたい」

「わかった。〝ゴールデンソウル〟に来てもらえ」

そう告げて電話を切った。

三条というのは青木の渡世名であることをあとで知るのだが、このときは初めて耳にする名前だった。青木と私は知り合いで、お互いがやくざになる前の若い時分、一緒にキャバレーでボーイをしていたことがある。だから青木にしてみれば。近所に来たついでに軽い気持ちで寄ったのだが、三条という名前を使ったことでややこしくなる。

ほかの組織の名前も知らない組員が自宅に訪ねて来ることなどありえないことだ。トラブルがあったに違いない。いま手がけている二、三の案件を思い返してみたが、牧組とからみそうなものはなかった。

(うちの若い衆とモメたかな)

そう思った。

同じ山口組であってもシノギのこととなれば敵同士にもなる。勢力に差があれば親方同士が話し合い、力が強いほうが押し切るが、拮抗《きっこう》していれば双方が突っ張ってケンカになる。これが大組織の宿命で、たとえば自民党という大組織は同じ代紋であっても派閥同士が利権や総理の座をめぐって血みどろの抗争を繰り広げる。それと同じなのだ。

私は身構えて「三条」と名乗った組員が来るのを待った。連れている若い衆たちも殺気立った。

そこにやくざたちがドヤドヤと入ってきた。

(殴り込みだ！)

先頭の男が青木であることはもちろんわかったが、そうならそうと、わが家に訪ねて来たときに青木と名乗っているはずだ。名乗れない事情があるに違いない。この世界、知人であっても、義理がからめば弾くのだ。順序立てて考えたわけではない。

やくざの条件反射だった。

とっさに私はテーブルにあるクリスタル製の灰皿をつかんで青木の顔面に叩き込んだ。うちの若い衆も一斉に立ち上がる。乱闘になったのである。

姫路署の「引き戻し」はこの一件だった。私は傷害容疑で逮捕され、姫路署の留置場に収監される。この事件は罰金刑で済むことになるのだが、取り調べのための勾留期間が懲役と同じ扱いになるので、

「もうちょっと長くいさせてください」

と刑事に頼んだ。

傷害事件は罰金刑で済んだとしても、競馬法違反のほうは懲役に行く。このことがわかっているので、未決期間を差し引いてもらえれば、刑務所にいる期間が少しでも短くなる。そう思って頼んだところが、刑事がせせら笑って言った。

「会長、クルマが相模《さがみ》ナンバーになっとうから、車庫法違反で二十二日。屋上の鳩小屋、消防法違反やから、これも二十二日」

と加算してから、

「わしら、引っ張ろう思うたら、どんなネタでも見つけ出すんやで」

これが「握り」を断った結果だった。

警察が国家権力そのものである以上、逆らって勝てるわけがない。警察が肚をくくれば総理大臣だってパクってしまうのだ。正久親分が繰り返し説いた「警察根性」はやくざとしての処し方を説いたのであって、警察とケンカしろと言ったわけではない。刑務所に入るに際しての「担当の言うことはよう聞くんやど」という言葉が何よりそれを物語っているだろう。

警察とワイロ

パクる側とパクられる側——。

警察とやくざは敵対関係にある。

だが、前項のような「握り」の話を紹介すれば、

「両者の関係は本当はどうなのか」

という疑念がよぎるのではないだろうか。実際、刑事がやくざに捜査情報を漏らしたり、金品を受け取ったりするという不祥事がときたまメディアをにぎわすのは周知のとおりだ。

そこで警察とやくざの関係について私の経験を紹介しておこう。

警察はやくざの情報を求め、やくざは警察の情報を求める。「彼を知り己を知れば百戦殆《あやう》からず」と孫子が言うように、双方とも相手方に関する情報がなければ勝負にならない。だから、お互い人間関係を築き、情と実利にからめて情報を取ろうとする。一線は画してはいても、そこは人間がやることだ。警察とやくざが次第に持ちつ持たれつの関係になっていくのは自然の成り行きというものだろう。

やくざにしてみればガサ入れなど捜査情報が欲しいし、マル暴と気脈を通じれば「握り」の裏交渉もできる。一方、刑事にしても、清廉潔白を貫いたところで成績が上がらなければ冷や飯を食わされる。やくざと気脈を通じ、清濁併せ飲み、情報を取って成績を上げれば出世できる。

これが世の中だ。

政治家のワイロ、表では競争しつつも入札においては裏で手を握る企業の談合、仕事を受注するためのキックバック——きれいごとだけで渡世できるほど世の中は甘くはない。

山口組の直参連中がパクられることがある。それも、どこそこの社長にインネンをつけてカネを脅し取ったとか、こじつけのような容疑だ。実際、二十二日で不起訴になり、釈放されて出てくる。私らは当時、警察のこのやり口を「イヤキチ」と呼んでいた。イヤキチとは「とんでもないいやがらせ」といった意味で、

「なんで、そないなことやりまんねん」

なじみの刑事に聞くと、こう言った。

「情報取るためにパクりよるんやがな」

「直参連中が情報をペラペラしゃべりまっか?」

「しゃべるわけないやろ」

「なら、パクる意味ないやないですか」

「竹垣な、人間は顔を合わせ、雑談することで情《じょう》が移るんや。親交を深めてパイプをつくっていくんや」

なるほどな、と感心した。

たしかに人間は情の生き物だ。田中角栄の本も刑務所でずいぶん読んだが、角栄のすばら

しさ、いや、すごみは、徹底して人間の情に訴える処世術だ。政敵の入院先に見舞いに行くだけでもたいしたものだが、ベッドの足元に何百万円もの見舞金を置いて帰ることなど角栄以外にはできない。

私たちであれば、

（もし突っ返されたらどうしよう）

と思う。

突っ返されたらメンツはつぶれ、人間関係は決定的におかしくなる。ところが角栄は突っ返しはしないと相手の心を読み切っているからこそ、そういう芸当ができたのだと私は思っている。誰だってカネはいる。ましてや入院していればなおさらだ。「政敵の自分にそこまでしてくれるのか」――そう思ってくれるだろうという確信があったのだろう。そこが角栄の器であり、非凡なところだ。

やくざも角栄流で刑事にアプローチする。受け取らない刑事もたまにいるが、清廉潔白というわけではない。私が現役時代、刑事にちょっとした頼みごとがあって飲み屋で会ったときのこと。

話をしてから、

「ほな、頼みますわ」

と封筒に入れたカネを差し出すと、

「会長、わしはカネはいらん。その代わりロッカーにチャカ入れとってくれ」

と言った。

前項で触れたが、当時はチャカを押収さえすれば手柄で、「首付き」（持ち主）でなくてよかった。だから「持ちつ持たれつ」で刑事の手柄にするため、若い衆に命じてコインロッカーや公園の便所に放り込んだりしていた。

金品に関しては、私は盆暮れに必ずそれなりに現金を持っていった。渡すのは上の人間。ヒラの刑事より、上の者は部下を持っているから効果が大きい。そのあたりのメリハリはもちろんつける。

金品を渡すのは警察官にかぎらず刑務官に対しても同じだ。前述の松下靖男は神戸刑務所からシャバにいる若い衆に命じて「キューピー」というあだ名の担当刑務官に高級ウイスキーと現金を持っていかせたと言っていた。

ただし金品は渡せば受け取るというものではない。一度でも受け取れば脅しの材料にされてしまう。自分の人生が懸かる以上、男同士の信頼関係があって初めて受け取るのだ。渡す側に相応の器量――つまり人間として信用がなければならないということは強調しておきたい。ワイロは犯罪だが、視点を変えれば、ワイロを出す側の器量が問われるということでもある。

六代目山口組の方針と「警察の意地」

ワイロはもちろん汚職である。だが、その一方で刑事は熱心に仕事をしていることもたしかだ。警察とやくざの関係は、たとえていえばキツネとタヌキが肩を組みつつ化かし合っているようなものといっていいだろう。

たとえば組の総会が終わった直後のことだ。仲のいい組員たちと一緒にクルマに乗っていると、それぞれに電話がかかってくる。

「もしもし」

組員が即座に出てから、

「ええ、いま、ちょっと友だちと一緒なんで――ええ、あとで電話しますわ」

いつもは「おう、わしや」などと横柄な口をきく人間が敬語を使っている。

（あっ、相手はサツやな）

すぐわかる。刑事は総会の様子を聞きたくて電話しているのだ。

（警察も職務には熱心やな）

と同乗する私はあらためて感心したりもするのだ。

工藤會の野村総裁に死刑判決、田上会長に無期懲役の判決が下されたことについては前述したが、二人が逮捕された背景に工藤會の弱体化がある。パクられても絶対にうたわないという「鉄の結束」を誇る工藤會であっても、警察は追いつめるにあたって内部情報を得ていたはずだ。人間関係とはそんなものだ。

ハッキリいって、そういう組員をつかんでおかなくてはマル暴は務まらない。情報を取ることが仕事といってもいい。双方が情報を得てそれぞれの立場を守り、持ちつ持たれつの関係によって一定の秩序を保っている。これが警察とやくざの関係だと思う。

警察の弱点は捜査情報をマル暴がみんなで共有することだ。だからガサ入れ情報などは漏れてしまう。竹中正久親分も事前に息がかかった刑事からガサ入れを知らされ、かわしたことがある。捜査員はブツが出るものと確信を持って乗り込むが、何も出てこず、

「おかしいな。そんなはずはないのだが」

と首を傾げることになる。

あの正久親分ですら警察とつながっていたのだ。まさにキツネとタヌキが肩を組みつつ化かし合っているようなもので、それが「政治」というものなのだ。

正久親分はそれができたが、正久親分が射殺されて竹中組を継いだ竹中武組長は、その芸当ができなかった。

「親分、もっと政治力を持たなあきまへんで」

私が言ったら、

「わしは、そんな汚いまねはようせん。政治は政治家に任せとったらええんじゃ」

と言うような人だった。

一和会との徹底抗戦を貫き、山口組を脱退したことで敵対関係になり、最後は自滅した。やくざとしての処し方は立派だったと称賛される一方、身体を懸けた組員たちは誰ひとりとして浮かばれない。親方としてそれでよかったのか。トップに立つ者の責務として政治力は不可欠なのだ。

いま、警察は暴対法（暴力団対策法）と暴排条例（暴力団排除条例）を武器にやくざを追いつめている。その原因のひとつとして「持ちつ持たれつの関係」が稀薄《きはく》になったことが挙げられる。ことに六代目山口組になって対警察方針が変わったことは注目すべきだ。六代目山口組が警察との接触を厳しく禁止したことで警察としては情報が取りにくくなったため、意地になって些細《ささい》な罪や容疑ですぐに引っ張る。ここまで警察がやくざを追い込むのは、そうした背景があるものと私は見ている。

魚心あれば水心だ。敵対関係にあってても持ちつ持たれつであってこそやくざも生き延びることができる。警察が山口組本家にガサ入れに来ると、私が山口組にいた渡辺芳則五代目の時代はおとなしくなかに入れた。ところが、いまは組員がトコトン抵抗し、どつき合い寸前までになる。警察が意地になるのは当然だろう。

義竜会もいろいろな容疑で何度もガサ入れを食ったが、

「すぐ鍵開けて、なかに入れたれよ」

と私は若い衆に命じていた。

用心して事務所には証拠になるものは置いていないにしても、ガサ入れは腹立たしいから、警察をすんなり入れたくない気持ちはわかる。だが、腹いせに抵抗することで結局、つくらなくてもいい敵をつくることになる。そう考えれば警察との接触を厳しく禁じた六代目は警察という強大な権力を完全に敵に回したということになる。

司忍六代目の出身母体である弘道会は秘密主義を貫いている。たとえ自分たちが裏で警察とつながりがあったとしても、そのことは周囲には絶対に明かさない。組の情報を表に漏らすことはもちろん、機関誌『山口組新報』も外部に見せることは禁止されている。

それは徹底していて、誰が『山口組新報』を外部に出したかわかるようにしているとユーチューバーの宅建太郎《たっけんたろう》さんが「ヤクザ情報」でしゃべっている。

題字の脇に発行元である山口組本部の住所と電話番号が記載されているが、これが印刷でなくゴム印で押したようになっていて、本部の住所と電話番号はそのとおりだが、郵便番号が違《たが》えてあるということだ。外に出た新報の郵便番号を見れば、どこの組から出たものかわかる。この件について私は裏を取ったわけではないが、そういう噂が出るほど六代目山口組は外部との接触に神経をとがらせているということになる。

六代目山口組が警察に対して完全ブロックしたのに対し、一方の警察もやくざとのつきあい方において方向転換をした。やくざと会って酒の一杯でも奢《おご》ってもらえば義理を噛《か》んでしまう。事件にできる案件であっても、義理を噛んだ相手であれば躊躇《ちゅうちょ》する。それが人情であり、人間関係だ。だから警察は交際費、あるいは捜査費といったことで予算をつけ、やくざにつけ込まれないよう気をつけるようになった。

両者の関係は時代の大きな転換期にさしかかっているのだ。

揚げ足を取って刑務所に送った若手検事

刑事と蜜月関係を築けば、その刑事は手心を加えてくれる。十のものがゼロにならないとしても六とか七にはなる。便宜を図ってくれることもある。だから私も若いころは刑事と良好なつきあいになるよう努力した。

だが、世の中は「源氏《げんじ》」と「平家《へいけ》」で、人間関係はたいてい反目になっている。私といいつきあいをしていたマル暴に、こう諭されたことがある。

「ええか、悟、覚えとけよ。なんぼ○○さんをつかんどったって、○○さんの反目がおまえをパクるぞ」

そのときは聞き流したが、それが現実になり、私は逮捕されたことがある。

刑事も反目同士がいる。反目と仲よくしていれば狙い撃ちされることがある。安全を期するなら反目同士の双方と仲よくすべきだが、カネが倍かかる。仮に刑事を全部押さえたとしても検事がいる。検事のなかにはイケイケがいて、捜査の現場を調査する者もいる。やくざに理解を示す太っ腹の検事もいれば、「反社」として目の敵にする検事もいる。警察、検察の両方を押さえるのは、いうまでもなく一〇〇パーセント不可能なのだ。

それでも昔のやくざは器量があったから、警察や検察の顔を立てたり、自分たちの利を得たり、持ちつ持たれつの芸当ができた。ところが警察との人間関係を含め、そこまでの器量のあるやくざがいなくなってきた。結局、それが暴対法、暴排条例につながり、やくざが締め上げられることになっていくのである。

だが、小粒になったのはやくざだけでなく、刑事も検事も取り調べがセコくなった。最後となる五回目の懲役は二年で、大阪刑務所に収監されるのだが、足元をすくわれるような取り調べで起訴された。

事件の経緯はこうだ。

私がケツ持ちしていたポン引きのオバはんが二人いて、この二人が別のポン引きのオバはんとモメた。

「どこが面倒見とんや?」

私がその場に出ていって問うと、

「村正会や」

村正会は三代目山健組である。

「わかった。ほな、村正の事務所に行こか」

「いやや」

「なら、うちの事務所に来いや」

それで事務所の隣の雀荘《ジャンそう》に連れていって、鍵をかけ、話をしていたら、それが監禁になった。

検事の取り調べに対して、私がいつものように徹底否認すると、こう言った。

「竹垣さん、もう事件のことはええ。参考のために義竜会の縄張りはどこからどこまでか教えてくれ」

徹底否認しているだけに、これに答えていいものかどうか、ちょうど面会に来た元札幌高検の検事だった小野哲《おのてつ》弁護士に相談すると、

「竹ちゃん、それは若い検事やから今後の資料にしよう思うてんのや。そんなもんはどんどん言うてもええ。参考資料にするだけやから、事件に関係ない」

私は安心して義竜会の縄張りについて話をし、検事に請われるまま地図を描き、ご丁寧に拇印《ぼいん》まで押した。ところが、

「義竜会の縄張りはここからここまでで、縄張りを守らんがために被害者を監禁した」というふうに事件を創作されてしまったのである。

検事にしてみれば、当初は事件の動機をショバ代の線で攻めようとしたのだが、そっちは無理筋とあきらめ、縄張りに持っていったというわけだ。検事は二十七歳くらいだったか。やり方が昔の検事と全然違っていて、あれにはやられたと思う。

黙秘は言葉を発しないので揚げ足を取ることはできないが、「否認」は犯意を認めないだけであって、余計なことをしゃべる。ここに検事はつけ入る。正攻法ではなく揚げ足を取るなど検事も地に落ちたと思ったものだ。

こうしてやくざはますます追いつめられていくだろう。この潮流は一般市民にとっては良い流れであり、やくざにとっては悪い流れということになる。元やくざの私ですら姫路市に暴排条例の素案を出して、それが通った。姫路市に暴排条例ができたことは更生を支援する五仁會の会長としてはいい流れをつくったと思う。

ただ、これはすべてについていえることだが、「水清ければ魚棲《うおす》まず」で、水もあまりにきれいすぎると魚が棲めなくなる。野放しがいいというのではなく、締めつけばかりでは楽しさがなくなり、生きていておもしろくない。そこらのさじ加減が難しいとつくづく思うのである。

ポリグラフ検査

否認を貫くやくざに対して警察も手をこまぬいているわけではない。マル暴は口を割らせることにかけてはプロなのだ。なだめたり、すかしたり、情に訴えたりしたと思えば一転、脅しにかけ、さらに、

「おまえだけ否認してもしゃあないで。共犯の○○はうとうとる」

と仲間割れを起こすようなことを口にしたり、ポリグラフ検査をやったりして揺さぶってくる。

ポリグラフ検査は俗にいう「ウソ発見機」のことで、前述した「姫路事件」のときに私はこれにかけられた。実際にどうやるかはご存じないと思うので解説しておくと、質問にはすべて「いいえ」で答える。

たとえば逃走に自家用車を使用したことが捜査でわかっている場合、このように質問していく。

——逃走に使用したのはタクシーですか？

「いいえ」

——逃走に使用したのは電車ですか？

「いいえ」

——逃走に使用したのは自家用車ですか？

「いいえ」

同じ「いいえ」でも、私が犯人であれば、

「自家用車を使用したか？」

という質問に対してだけはウソをついたことになる。結果、最も高い反応が表れ、「犯人しか知りえない情報＝高い生理反応＝犯人である」と推認されるわけだ。

検査をするのは技官で、ポリグラフ装置と一緒に医者のような格好をした技官がやってくる。たいていの人はそれだけで緊張し、グラフの線が揺れるそうだが、私の精神は鉄板だから、このときの検査では何も出なかった。

たとえ大きく反応が出て、ウソとハッキリわかっても、日本の刑事裁判ではポリグラフの検査の結果だけで有罪判決を下すことはできないが、捜査の手がかりを与えてしまうことがある。

――そのとき一緒にいたのはAですか？

「いいえ」

――そのとき一緒にいたのはBですか？

「いいえ」

――そのとき一緒にいたのはCですか？

「いいえ」

Cの名前で高い反応が表れれば、

（ハハーン、共犯者はCだな）

という心証を与え、微罪をでっち上げてCが引っ張られることになる。

ポリグラフ検査は被検者の同意が必要で強制できないため、竹中正久親分は、

「そんなもん拒否や。共犯者を聞かれて反応が出ることもある。そうしたら迷惑かけるやろ。せやからポリグラフも拒否せい」

そう言ったものだ。

これまで正久親分が信条とする「警察根性」については折に触れて話してきたが、「警察

根性」は初代竹中組の代名詞で、由来は「福岡事件」だ。「夜桜銀次」こと平尾国人が一九六二（昭和三十七）年一月、博多で何者かに射殺され、報復のため山口組組員二百五十名が大挙して博多入りしたことについてはすでに触れたが、これが竹中組が組織を挙げての初陣でもあった。正久親分が田岡一雄三代目の盃を受けて山口組直参となったのは、その前年の十二月だから、わずか二カ月後のことになる。

事態を重く見た警察は六百人におよぶ武装警官隊を投入。山口組組員が逗留《とうりゅう》する旅館を急襲し、凶器準備集合罪で次々と組員たちを検挙していくが、正久親分は警官隊の入室を拒否し、強制逮捕されるまで抵抗を続けた。

全国のやくざが驚嘆したのは、その後の取り調べだ。当の正久親分はもちろん、竹中組の全員が「うたうな」という教えを守り、勾留期限の二十二日間を否認で通したのである。

焦った検察官は、

「誰でもいいから竹中組から責任者をひとり出してくれ。さもなければ全員起訴する」

と妥協案を出し、正久親分はこれを呑んで、ただひとり福岡拘置所に残り、組の被害を最小限に食い止めたのである。

取り調べに対して否認を貫く「警察根性」は竹中組の称賛の代名詞となり、田岡三代目に高く評価された正久親分は次第に頭角を現していくのだ。

鬼の担当刑務官を手なずける

さて、豊岡拘置所から神戸刑務所に直行するという私の目論見《もくろみ》は姫路署に引き戻されたことでヤバくなった。その事件は罰金で済んだが、姫路拘置所に移送された。服役する刑務所が決まるのを待つあいだ、どうしたものかと思案していると、神戸刑務所で顔見知りだった係長が分類係として姫路拘置所に出向していたのである。

チャンスとばかりに私は小躍りして、

「オヤジさん、私、神戸に送ってくださいよ」

と頼んだところが、

「何を言うとるんや。竹垣が神戸の刑務官とバチバチにつながってること知らん者おらへんど。せやから神戸は無理や」

「そんなこと言わんと、神戸で頼みますわ」

「いや、あかん」

かくして私は一九九八（平成十）年から一年間を京都刑務所で務めることになる。

神戸刑務所であれば、うまく立ち回れただろうに、京都刑務所ではそうはいかなかった。

私が配属された工場の担当刑務官は、こともあろうに厳しさで「京都刑務所一」といわれる周防《すぼう》刑務官だった。

周防はスパルタ教育では日本一といわれた日生学園《にっせいがくえん》（三重県津市《つし》）の元教師だ。一九八五（昭和六十）年、行きすぎたスパルタ教育が週刊誌に内部告発され、「日生学園事件」と呼ばれた。周防は体罰問題で教師をやめて刑務官になった変わり種だが、スパルタ教育では筋金入りで、名古屋刑務所で規律を締め、次いで京都刑務所を締めに来たといわれていた。

私は、なぜかこの担当に目の敵にされ、何かにつけて文句を言われていた。

ある日のこと。

工場でのちに私の若い衆となる伊達康夫と小声で話をしていたら、

「竹垣、担当台に来い！」

周防に呼びつけられた。

担当台とは懲役の様子がひと目で見渡せるように少し高くなっている台で、担当はここに立って監視の目を光らせている。刑務作業以外の行為はすべて規律違反で、作業中の雑談は

「不正交談」でもちろんアウトだが、作業中に落とした工具を拾うのでさえ許可がいる。トイレに行くのもそうだ。

「お願いします！」

手を真っすぐに挙げて担当に大声で告げ、「ヨシ！」と許可されて初めて行為に移せる。ちなみにトイレは基本的に作業中は行ってはいけないので、許可されるとはかぎらない。それほど厳しい監視のなかで作業をしているのだが、担当に目の敵にされれば当然、ほかの受刑者より監視の目は厳しくなる。

「竹垣、おまえ、誰としゃべりよったんや」

「ひとり言でんがな」

「なんやて！」

周防がにらみつけて、

「おまえ、頭おかしいないのに、ひとり言いうのは変やろ。相手は誰や。言え」

「ほな、もうよろしいわ。上がりますわ」

上がるというのは懲罰に行くという意味だ。居直ったというより、この担当を相手に言い訳するのが面倒になったのである。すぐに係長がやってきて、取りあえず私は「ビックリ箱」に連行されるのだが、途中であることがひらめいた。

「おやっさん」

係長に言った。

「なんや」

「懲罰明けたら、もういっぺん周防のオヤジに取ってくれ言うて頼んどいてくれまへんか」

係長は目を剝いて絶句した。

周防は受刑者に蛇蝎《だかつ》のごとく嫌われている。「周防のオヤジはもうこりごりだから、懲罰が明けたら別の工場に移りたい」——そう言うのならわかるが、私は周防のもとで働きたいと言ったのだ。しかも私が周防に目の敵にされているのは周知のことだ。係長が驚くのも当然だろう。

そしてビックリ箱に入ったままだったその日の夕方、係長がやってくると、

「竹垣、帰るど」

いきなり言った。

「えッ？　なんでんねん」

「また元の工場や。周防がおまえを帰してくれ言うとる」

周防のオヤジに取ってほしい——このひと言で周防はすっかり気をよくし、私はその日のうちに戻れたのだった。

シャバも刑務所も大事なのは「処世術」

好かれて悪い気がする人間はいない。自分は嫌われていると自覚している周防にしてみればなおさらだろう。これが人情というものだ。私はすでに懲役は四回目である。鬼と呼ばれる刑務官であっても人情の機微を読み、手玉に取る自信はあった。

この一件以後、周防の受刑者に対する厳しさは相変わらずだったが、私だけはかわいがってくれ、規律違反も「握って」くれるようになった。

たとえば満期三カ月前になった者は菓子を自分では食べず、ほかの受刑者に与えるという刑務所の不文律がある。これを「懲役仁義」というのだが、食堂で隣になった受刑者から懲役仁義でヤクルトをもらって飲んでいたら、周防に見つかった。

懲罰を覚悟して、

「すんまへん」

私が謝ると、周防は大きくうなずき、ほかの受刑者たちに向かってこう言った。

「俺は竹垣みたいに素直に言うたら懲罰行かさへんねん。わかったか！」

あるいは別の日のこと。チリ紙がなくなった受刑者がいたので、私の分をそいつのロッカーに入れてやろうとしたところを周防に見つかった。

「おまえ、ロッカーの場所が違うやないかい」

「すんまへん」

「うむ」

と、うなずいてから、受刑者たちに向かって、

「竹垣みたいに素直に言うたら、懲罰行かさへんねん」

ヤクルトの一件のときと同じセリフを口にした。それくらい、私の面倒を見てくれたのである。

だが、義理は返すのが私の流儀だ。

ある日、周防があまりに厳しすぎるため、受刑者のひとりが頭にきて飛んだ。非常ベルを押す間もない。

「誰か止めてくれ！」

周防が叫んだとき、

「もうやめとけ」

私がパッとそいつの前に立ちふさがり、周防を助けた。

担当刑務官の味方をすれば懲役たちからブーイングを食らう。だが、ブーイングは起こらなかったし、敵意の視線を向ける者もいなかった。飛んだ懲役も、私が「待った」をかけた以上、手を出すことはできない。自分でいうのもなんだが、私はそのくらいの貫禄《かんろく》があった。そんなこともあって、周防は余計に私の面倒を見てくれるようになるのだった。

これは人間心理としてどんな分野にも通じるものだと思うが、刑務所を例にすれば、まず担当の信用を得るべく徹底して努力すること。たとえば入所して最初の三カ月は仕事の話でもなんでもいっさい口をきかない。交談など絶対にしない。

すると、

「竹垣は真面目やな」

という評価が担当の頭に刷り込まれることになる。

こうなるとしめたもので、私事で手を挙げ、

「○○と交談します」

と言っても、担当の頭のなかは「竹垣は真面目や」と刷り込まれているので、文句は言われないのだ。

周防の場合は特別だったが、私は刑務所に入った最初の三カ月は真面目に過ごして信用を得るようにしている。そのためには人間性も訴えていかなければならない。布団を畳むとき、私は碁盤を使って布団の角を叩き、きちんと四角くした。

すると担当が喜ぶ。

「竹垣の部屋見てみいや。きれいやろ」

ほかの受刑者たちの見本にする。私は何度も懲役に行っているので、担当を喜ばせるコツを心得ているのだ。

そして整理整頓をきっちりやれば進級も早い。私はシャバではどちらかといえばやりっぱなしのほうだが、刑務所ではきちんとする。人間社会においては相手の気持ちを忖度し、見せるところは見せていく。それが処世術であり、処世術の要は「信用」であるということにおいて、シャバも刑務所も区別はないのだ。

だが、この「信用」というやつは実体がない。

「おまえは信用があるか」

と問われれば、たいてい、

「ある」

と答える。

「じゃ、その信用をここに出して見せてみろ」

そう迫られてポケットから出して見せるわけにはいかない。

いまいったように、コツコツと真面目に過ごし、

「あいつは信用できるな」

と他人に評価される、そのことが「信用」なのである。

このことを肝に銘じて処世する人間が頭角を現していくのだ。

警察は疑うのが仕事、刑務官は信じるのが仕事

刑務所内で集団をつくることを「社（舎）を組む」という。気の合う者同士、あるいは一家一門が社を組むのはシャバも刑務所も同じで、社会的動物である人間は自然と集団化するようになっている。ひとりがケンカをすれば「社」の者が五人、十人と集まってきて「社」

同士が工場内で抗争することもある。

だから刑務所側は「社」を組むことをものすごくいやがる。「社」同士がケンカをすれば工場の仕事に穴があいてしまうからだ。工場長としては、それを未然に防ぐため、「社」の動向には、つねに目を光らせている。

私は刑務官のこの心理がよくわかるので、運動時間でも絶対に二人以上で歩くことはなかった。三人になれば担当がいやがると思ってのことだ。

人間関係が情を基本にしている以上、処世術としての人間関係を私は否定しないし、それはシャバも刑務所も同じだ。

だが、その根底には相手に対する敬意がある。意に沿わない相手であるにもかかわらず、損得を考えてゴマをすったり、尻尾を振ったりすることを打算という。少なくとも任侠を標榜《ひょうぼう》する男の処し方ではない。私が良好な関係を築こうとする刑務官は人間として信頼が置ける者だけなのだ。だから周防が飛ばれたとき、彼のために身体を張ったのである。

刑務官は懲役たちに厳しく命令する立場にはあるが、人間的にまったくすれていない。これは私の正直な思いだ。刑務官は自分が面倒を見た懲役囚には信頼を置く。

（竹垣は大丈夫や）

と一度でも信頼すると、

「竹垣を見てみい」

と懲役たちの前でほめたりすることは、すでに紹介したとおりだ。

では、なぜ刑務官はすれていないのか。

犯罪者を扱うということでは警察官とよく似ているが、両者の仕事観は根底から違っている。警察官は「疑わしきは捕まえろ」ということで人を疑ってかかるのが仕事。一方、刑務所は刑罰を受けさせるためだけでなく、就職訓練など更生のための処遇を行う施設であることから、刑務官は「人を信じるのが仕事」といっていい。罰するだけであるなら懲役囚と対峙する立場になるが、更生させようとするなら両者に信頼関係がなければならない。受刑者であるというだけで人間性を頭から疑ってかかるようでは更生のための処遇に情熱を傾けることなどできない。

すでに故人になったが、大村幸治《おおむらこうじ》という刑務官にはずいぶん面倒を見てもらった。大村のオヤジは私が出所してから姫路まで会いに来てくれ、一緒に飲んだりもした。やくざをやっていれば猜疑心《さいぎしん》が強くなる。弾は後ろから飛んでくるといわれるように、バカ正直にしていれば寝首をかかれることもある。この世界で生き残ろうとするなら必然的に裏読みするようになる。私はそのことを承知しながら、人間関係では筋を通した。自分でいうのもなんだが、そうであるからこそ私は刑務官に目をかけてもらったのだと思っている。

しかし、一方で、刑務官はすれていない人間が多いだけに、いったん嫌われると見せしめのようにしておもちゃにする。

私が聞いた刑務所伝説で有名なのは白神一朝（稼業名は英雄）だ。三代目山口組若頭補佐という最高幹部のひとりで、一九七〇（昭和四十五）年に政治結社「八紘会」を設立して関西右翼の重鎮でもあった。竹中正久親分の四代目継承問題で一朝は一和会に行って常任顧問をしていた。実話雑誌に取り上げられるなどやくざとして有名人だったので、一九八七（昭和六十二）年二月、犯人も理由もハッキリしないままサイパン島バンザイクリフ沖で射殺死体となって発見されたときは、ずいぶん騒がれたものだ。

その一朝が金属工場で「シェパード」というあだ名の刑務官に目をつけられ、気をつけ姿勢で担当台の前にずっと立たされ、漫画——つまり、おもちゃにされたそうだ。神戸刑務所は山口組の大幹部であっても担当刑務官に嫌われたりすると漫画にされてしまうのである。

関東のやくざは大学出もいるが、私の知るかぎり、関西のやくざは中学、高校もろくに出ていない者が少なくない。頭のなかが薄い者もいる。口で言ってわからせるより見せしめで

白神一朝のような大幹部を漫画にすれば、

「シェパードはうるさい」

という評判が徹底するわけだ。

もちろん担当も漫画にする相手を選ぶ。人望と器量があって、刑務所のなかに兵隊を連れているような親分には、そういうことはしない。若い衆が飛ぶことになるからだ。正久親分や中野太郎などがいい例で、刑務官にはよく面倒を見てもらったと言っていた。

余談ながら、受刑者はあだ名をつけるのがうまい。神戸刑務所には「シェパード」のほか「毛ジラミ」もいれば、「秋刀魚《さんま》」も「鰯《いわし》」もいた。受刑者は陰ではあだ名で呼び、面と向かえば「担当はん」と呼ぶが、私はどの刑務官にも「オヤジ」と言った。人間は誰でも慕って寄ってくる者はかわいいものだ。打算でなく良好な人間関係を築くには、まず自分から相手に敬意を表し、胸襟を開くべきだと思っているからだ。

そう思うようになったのは、初犯で神戸刑務所に入ったときの経験による。「秋刀魚」という意地の悪い担当がいたが、なぜか辻本和弘というやくざだけがずっとかわいがってもらっていた。

それが不思議で辻本に尋ねてみると、

「じつはな」

と声をひそめて、こう言った。

「刑務所から出たら、〝オヤジさん、お世話になりました〟いうて、わし、担当たちにずっと手紙書いてまんねん」

それで「秋刀魚」にもかわいがられているのだという。やくざをやっていれば、何度となく懲役に行く。辻本はそのときに備え、礼状で先手を打っていたということだ。

これには私も感心した。正久親分は「刑務所は男の修行の場」だと言ったが、人間は結局、「情の生き物」だということを学んだのはこのときだった。「北風と太陽」のたとえを持ち出すまでもなく、こちらがとがれば、向こうもとがる。こちらが礼を持って接すれば、相手もそれに応える。要はどっちが先に意思表示するかの問題だと悟ったのである。

私は神戸刑務所を出所すると、さっそく担当の一人ひとりに「オヤジさん、お世話になりました」と礼状を書いた。礼状をもらって悪い気がする者はない。しかも懲役から礼状をもらうのは、それだけ慕われていたということで、刑務官にとって自慢でもある。実際、刑務所で世話になったことはたしかで、礼状を書くのは大人としてのつきあいといってもいいだろう。

私は規則違反は何度もしたが、その都度「握って」もらい、懲罰にあまり行っていないのは、そうしたこともあったと思っている。

山口組六代目と刑務官

「男気」と「規則」は往々にして背反する。規則を杓子定規《しゃくしじょうぎ》に守っていれば、わが身は安泰だろうが、それでいいのだろうか。

私は違うと思う。男の器量とは規則を超えてなお己の生き方や信念、価値観に殉じることだと思う。大きなリスクをともなうが、それを承知で行動することを「男気」という。

「桑《くわ》マン」と親しみを込めて懲役たちから呼ばれていたのが桑野勝彦《くわのかつひこ》刑務官だ。当時、柔道五段で、のちに六段に昇進する。桑野は主任看守で、私が大阪拘置所在監中は五舎四階の独居拘禁者を収容する舎房の正担当を務め、若手刑務官のなかでも将来を嘱望されたエリート刑務官だった。

拘置所は受刑者でなく「被告」なので、差し入れで食べたいものが食べられる。私が率いる義竜会や初代古川組の組員が交代で面会に来てくれており、牛肉の缶詰など部屋に積み上がるほどだった。

そんなある日、桑マンが私の舎房にやってきて、

「竹垣、ほやき（食べもの）出せ」

と言った。

「おやっさん、何しますねん」

「カネのないヤツに分けてやるんや」

情に篤く、規則違反を承知で、桑野は差し入れも購入するカネもない収容者に食べものを回していた。

◉桑野勝彦

その桑野が大阪拘置所に収監されていた司忍六代目に「男気」を見せたことがある。判決が下り、府中刑務所に護送が決まったときのこと。正月二日、桑野が電球が切れたという名目で司六代目の舎房に顔を出し、
「篠田（建市＝司）、何か伝言はないか」
と聞いた。
伝言があれば俺が伝えてやる――そう言ったのだ。規律違反どころではないが、組織トッ

プの収監ということで、桑野のまさに男気による配慮だった。

「天野に聞いてくれたらええ」

司六代目はそう言ったそうだ。

天野洋志穂は山口組直参で天野組組長だ。宅見勝若頭射殺事件では二〇〇二（平成十四）年四月、中野会副会長・弘田憲二を配下の組員が沖縄で射殺している。天野自身は二〇〇四（平成十六）年六月、歯科医に対する脅迫などで逮捕され、大阪拘置所に収監されていた。

天野が桑野に何を伝言したのかは知らないが、大阪拘置所から護送するときに必ず通る道があり、そこに髙山清司若頭以下、山口組の幹部連中が勢ぞろいして見送ったという。非公表のルートであるため、

「なんで山口組の連中はこの道を知っとんやろ」

と大阪拘置所の刑務官のあいだで話題になり、ルートを教えてやった桑野は、

「あのときはヒヤリとした」

と、のちに私に語ったものだ。

男気とは清濁併せ飲む器量のことをいう。天野に対して面倒を見すぎたため、二〇〇六（平成十八）年八月、収賄容疑で逮捕。懲役三年、執行猶予五年の有罪判決を受け、懲戒免職

処分になってしまう。

桑野がやったことは法律に照らせば違法である。そのことに弁解の余地はない。だが、桑野は収賄が目的で面倒を見るような男ではない。純真無垢《むく》で一本気。受刑者を更生させるために全身全霊で接してきた。刑務官を免職になったあとも、私が五仁會を立ち上げた当初は同志として元受刑者の更生支援に尽力してくれていた。柔道家らしく熱い男なのだ。

じつは当時、桑野の奥さんが司六代目宛てに切々と真情を手紙につづっている。私は奥さんの情に絆《ほだ》され、手紙を司六代目の手もとに届けるべく奔走した。本書を上梓《じょうし》する機会を借りて掲載しておきたい。「刑務官の仕事は信じること」と前項で書いたように、切々と訴える手紙の行間から桑野という男の素顔を酌み取っていただければ幸いである。

拝啓　篠田建市様
突然の手紙にて大変失礼致します。
私は、２００６年まで、大阪拘置所に於《お》いて　刑務官をしておりました　桑野勝彦の妻です。
篠田様は、私共の事は覚えておられないかも知れませんが、事件後の私達　家族の事を少しでも知って頂きたく、今回この様な形で　ご連絡させて頂きました。

この事件に関して　主人は　天野洋志穂様　他　みなさんの為に少しでも協力をと思いした事だと　私に話してくれました。

ただ、金品等を受け取ってしまった事に関しては　何を弁解しようと「法律上、職務的に絶対してはいけない事をしてしまった」主人に　すべて非がある事は、本人も深く反省しております。

只《ただ》、この事件後　社会的にも　抹殺され　働く職場も無くし　子供達は　学校でいじめにあい　自宅には　嫌がらせの電話や、手紙、生卵や生ごみを　ぶつけられたり、色々な事をされました。

最近になり　ようやく普通の生活に戻りつつありますが、一番　主人を支えていくべき　私も疲れきってしまいました。

現在　主人は　小さな警備会社で　営業をしております。

今回、この様な手紙を書かせて頂いたのは　主人が　一度、篠田様と面識があり　少しですが　お話をさせて頂いた際に　この方には　何でもすべて　話をしようと思ったと聞いたからです。

こちら側の勝手な思いだとは、わかっていますが、まだまだ　家族は地獄の底から這《は》い上がっていません。
篠田様　大変　お忙しいとは思いますが、一度　主人と連絡を取って頂き、今までの経緯を聞いて頂けませんでしょうか？
私が　こんな事を　するべきではないのですが　このままだと　主人は地獄を這いずり回ったまま　一生を終えそうな気がします。
本当に　勝手な事ばかり　書きとめた事を　お許し下さい。
これからの季節　どうぞ　お身体に気をつけて　御自愛下さいませ。
どうか、主人の事　よろしくお願いいたします。

敬具

この手紙はあるルートで司六代目に届くはずだったのだが、相手は山口組トップという立場上、途中で予期せぬ問題が発生して結局、届かなかった。私の心残りのひとつである。

刑務所に街宣をかけさせた右翼受刑者

刑務官は人を信じるのが仕事だが、「かわいさ余って憎さ百倍」という言葉があるように、「信じる」は「憎しみ」と表裏をなす。刑務官は国家権力を背負っており、懲役囚はそれにいっさい逆らえない。担当刑務官に目をつけられたら最後、徹底的にいびられる。

たとえば刑務作業中にちょっと顔を上げて刑務官の顔を見ただけで、

「何やってる！」

注意が飛んでくる。

「何もやってません」

と否定しようものなら、

「担当抗弁だぞ！」

となる。

担当抗弁とは担当刑務官に口答えして逆らうことだが、顔を上げるなど作業と関係しない行為は規律違反に問われるため、「申し訳ありません」と謝れば規律違反を認めることになってしまう。担当がその気になってアヤをつければ受刑者は逃げることができない。前に紹介したように白神一朝のような山口組最高幹部でも漫画にされてしまうのだ。

だから刑務官は恨みを買う。身辺に気をつけ、外出するときは三人以上とか団体で行動する。実際、暴力事件もあれば、官舎に銃弾を撃ち込まれた事件もある。

変わったところでは自分が懲役を務めている刑務所に街宣をかけさせて報復した受刑者がいる。政治結社・大日本神州党の松本信義だ。大日本神州党は一九八六（昭和六十一）年、私が現役当時、松本を総裁にして立ち上げたもので、本部を姫路市に置き、私は相談役、総裁代行として面倒を見ていた。

その松本が神戸刑務所にいるときのことだ。医務で何か気に入らないことがあったようで、刑務官に腹を立て、出所する者に伝言を託して刑務所に街宣をかけさせたのである。

刑務所は土、日、祝日が免業日で、この日は午後一時から三時が午睡（昼寝）になっている。交談は禁止になるが、寝たくない者は読書をしたり手紙を書いたりしても構わない。ところが静かなこの午睡時間を見計らい、街宣車が軍艦マーチを威勢よく鳴らしてやってくるのだ。

受刑者は退屈しているので喜ぶが、刑務所は神経をとがらせる。騒ぎや煽動《せんどう》は最も警戒す

べきことで、

「そら、来たぞー」

と思わず叫んで懲罰を食った受刑者もいた。

街宣車は刑務所の周囲をグルグル回り、口達者なヤツがマイクでがなり立てる。当然ながら刑務所で大日本神州党の名が売れる。名が売れれば刑務官も懲役囚も総裁たる松本に一目置く。

ここに松本の狙いがあった。頭にきた刑務官を攻めると同時に、全国から収容されているやくざたちに大日本神州党の名を売り、さらに刑務所内で自分の存在感を示す。街宣車一台で一石三鳥というわけだ。

だが、これは右翼ではあるがカタギだった松本信義だからできたことだ。たとえば前に紹介した白神一朝は三代目山口組の最高幹部であるだけでなく八紘会を傘下に持つ関西右翼の重鎮だが、「シェパード」に漫画にされながらも街宣をかけるといったことはしていない。シャバに出てからオトシマエをつけるといったこともしない。

なぜかというと、そんなことをすれば、

「私は刑務所で刑務官に漫画にされました」

と公言するようなものだからだ。

竹中正久にしても中野太郎にしても、器量のある親分衆は刑務官を悪く言うことは絶対にない。刑務官に一目置かれていれば、よくはしてもらっても、腹を立てるようなことが起きるわけがないからである。

だからやくざは、たとえ刑務官に漫画にされても、刑務所内のことは塀の外には持って出ない。やくざにとって命より大事なものはメンツだ。刑務官に復讐《ふくしゅう》しようすれば、刑務所でどういう扱いを受けたかバレてしまう。大日本神州党の松本は右翼ではあるがカタギなので街宣をかけたということでもある。

古いやくざに聞けば、昔は親分衆であっても刑務官にドンゴロス（麻布《あさぬの》）の編《あ》み笠《がさ》を頭からかぶらされ、ヤキを入れられたと聞く。踏んだり蹴ったりで、それはひどいものだったという。刑務官にいじめられた親分衆や幹部連中はたくさんいるはずだが、出所して仇討ちしたという話は聞いたことがない。

やくざのメンツというのは、それほど重いのだ。

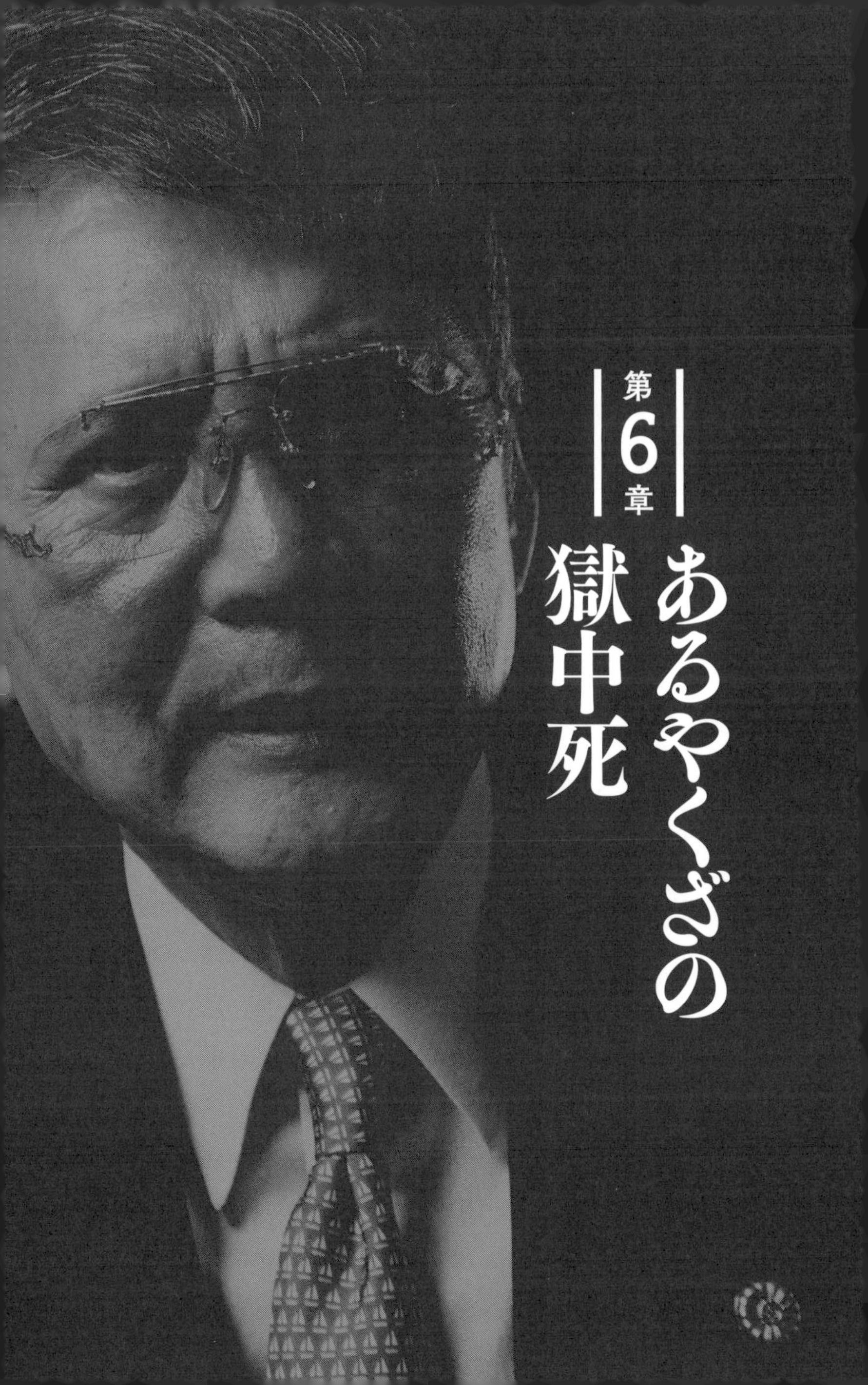

第6章 あるやくざの獄中死

義竜会若頭・大上健二死亡事件

一九九二（平成四）年六月末のことだった。

梅雨のさなかとあって、この日も朝から雨がしとしと降っていた。私は横浜・伊勢佐木町のホテル経営者に暴力を振るった事件で収監を待つ身だったが、病気のため六カ月の執行停止となり、姫路市内の中谷《なかたに》病院に入院していた。病室の窓の外に見える木々の葉が雨に濡《ぬ》れ、緑色が鮮やかだった。七月末に第十六回参議院議員選挙があり、間もなく選挙カーの連呼する声でにぎやかになるだろう。

午後、私の嫁がいつものように病室に顔を出すと、

「昨日、大上の健ちゃんが〝警察に呼ばれてるから行ってきます〟いうて挨拶に来たわよ。会長によろしくやて」

「どこの署や」

「大阪南署とかいうとったけど」

「容疑は？」

「聞いたけど、〝たいした事件とちゃうから、すぐ帰ってくる〟言うとった」

このときは、くわしいことはわからなかったが、南署が大上の家と関係先にガサ入れしてチャカが出たのだ。大上はやくざとして筋が一本通った男で、前年、義竜会の若頭に就任して采配を振るっていた。事件を起こしたわけでもないのに、なぜガサが入ったのか。それが不思議でならなかったが、あとで関係者の密告《チンコロ》だということがわかった。

大上のことだから、「警察根性」を発揮して徹底否認するだろうが、私としては大上の裁判に備え、弁護士の用意をしておかなければならない。

(執行停止になっているあいだに手配しておかなければならんな)

そんなことを思っていた。

ところが、それから二十日ほど過ぎた夜のことだった。嫁があわただしく病室に飛び込んでくると、

「大上の健ちゃんが危篤やて!」

と叫ぶように言った。

「どういうこっちゃ」

「大阪の警察病院や言うとる」

「行くで」

私はベッドから下りてすぐに身支度をすると、若い衆の運転で大阪市天王寺区にある大阪警察病院にクルマを飛ばした。

(何かあったな)

ピンとくるものがあった。

出頭してから日数的に勾留期限ギリギリだ。大上は南署の取り調べで否認し続けたのだろう。そうでなければ身体《ガラ》を検察に送られているはずだ。デカたちは相当、無理な取り調べをしたのではないか。

大上はガラス張りになったＩＣＵ（集中治療室）に入っていた。延命処置が施されている。機械だけがピッピピッと無機質な音を立てている。大上は動かない。私の目にも、すでに死んでいるのがわかった。

全身が青痣《あおあざ》まみれだ。

異様だった。

(府警にヤキを入れられたな)

直感した。

シャバにいたのなら、ケンカということも考えられる。だが、取り調べ中の人間がこれだけの大ケガを負って亡くなるのは、ヤキしか考えられない。府警が柔道の道場に引っ張り出して、そんな取り調べをしているというのは、やくざならみんな知っていることだ。死んでいるのに、なぜ生命維持装置が動いているのか。

(これは痣を消すための時間稼ぎやな)

そう思った。

警察のやり口は百も承知している。もっともらしい理由をでっち上げ、この一件を闇に葬るはずだ。

(そうはさせてはならない)

自分に言い聞かせた。

いきり立つ中野太郎

大上の一件は即座に山口組本部に情報が入ったはずだ。暴対法が成立して一年。警察の動きに神経をとがらせている山口組だ。前述のように六代目の時代になって警察とは「持ちつ持たれつ」の関係が稀薄になっていくのだが、このころはリアルタイムで情報が入っていた。

中野太郎も同様で、これまでにも増して警察とは太いパイプを築いていた。ひょっとして山口組も中野会も私より早く大上の一件をキャッチしていたのではないか。私が中野太郎に一報を入れたときはすでに知っていて、

「これは事件や！　竹垣、大上を取り調べた三人の刑事の名前はわかっとうな」

と声をひそめて言ったのである。

「三人を殺れ」——言外の命令と私は受け取った。中野太郎は五代目山口組の直参になって三、四年のころとあって血気さかんだった。大上健二は義竜会の若頭であって中野会の直参ではなかったが、「ケンカ太郎」の性格から考えれば、この事件を中野会の組事として捉えるのは当然だったろう。

だが、大阪府警がヤキ入れで殺したという証拠はない。ましてややくざが警察にケンカを売り、刑事の命を狙うなど常識では考えられないことだが、それほどに府警に対する積年の恨みがあったのだ。

大阪府警の取り調べの苛烈さは府警に逮捕されたことがあるやくざなら誰でも知っている。刑務所で受刑者たちが警察の品定めをするときは必ず、

「あそこは地獄やで」

と口をそろえる。

だからやくざのあいだでは、

「大阪府警にパクられたら、やっていないことまでやったことにして自供させられるから、府警管内では何もせんほうがええ」

とまで言われる。

ちなみに初代山健組の山本健一組長といえば根性者で知られるが、その初代が府警に逮捕されたとき、

「これじゃ、みな、うとうてもうても、しゃーないな」

と保釈後に取り調べの厳しさについて漏らしたのは関係者のあいだで知られるエピソードである。

あるいは一九七九（昭和五十四）年六月、盛力健児が大阪府警西成警察署で取り調べの最中に舌を噛み切って自殺未遂を図った事件がある。田岡一雄三代目が鳴海清（松田組系大日本正義団幹部）に銃撃された「ベラミ事件」で「大阪戦争」が始まり、盛力会の組員が二代目松田系組員を射殺。盛力会長も府警捜査四課に殺人容疑で引っ張られた。

◉盛力健児

府警の狙いは盛力の親分である山健初代だ。初代に命じられたという自供を執拗に迫る。取り調べは連日、朝から深夜まで二カ月以上続き、それでも盛力は口を割らない。業を煮やした刑事が盛力の短髪をわしづかみにすると、

「ワリャ、四課、ナメとんのか！　いつまでもシラこいとったら、イテまうど、コラあ！」

机の上に叩きつける。

連日連夜の苛烈な取り調べに、盛力は体力と気力の限界を悟る。朦朧《もうろう》とした意識では自覚がないまま何を口にするかわからない。それを防ぐには自分が死ぬしかない。肚をくった盛力は両手で頬杖《ほおづえ》をつくと上下の前歯で舌を挟み、そのまま両肘を机の上に激しく打ちつけて舌を嚙み切ったのである。幸いにも一命を取りとめたが、殺人罪などで起訴され、懲役十六年の判決を受けて宮城刑務所に服役する。

こうした背景のなかで大上が取り調べ中に死んだのだ。身体が青痣だらけとなれば、府警のヤキ入れで死んだのは明々白々だった。

「府警に行くときは血が付着してもすぐわかるように白いスウェットで行け」

山口組は傘下に緊急通達を出した。

私たち中野会組員が集結した葬儀場「安楽院《あんらくいん》」には山口組本家から錚々《そうそう》たるメンバーが顔を見せた。私はその席で彼らに礼を述べ、こう挨拶した。

「必ずこの仇《かたき》は討ちます」

そうは言ったが、吐いた言葉とは裏腹に冷静だった。大上が殺され、怒りでハラワタが煮えくり返っているが、それと警察に対する仇討ちは別問題だ。ここは日本であって、ゴッドファーザーの映画とは違うのだ。警察に弓を引けばやくざはテロ組織の烙印《らくいん》を押され、日本社会から抹殺されるだろう。

現実として不可能なのだ。

だが、本家の幹部たちはともかく、私の親分である「ケンカ太郎」にこの常識は通じない。殺気立っている。絶対に引くまい。

（走るしかない）

私は肚をくくった。

ところが大上の死を知ったその日のうちに山口組本部から「記者会見を開け」という話が下りてきたのだ。

私はとっさに「大阪戦争」の終結記者会見を思い浮かべた。一九七五（昭和五十）年七月から一九七八（昭和五十三）年十一月まで続いた激しい抗争で三代目山口組は松田組組員七人を射殺した。当時、若頭だった山本健一は手打ちを望まず、十一月一日、報道陣を神戸の田岡邸に招いて一方的に抗争終結を宣言した。

やくざ組織の記者会見など前代未聞で、報道のあり方について一石を投じたが、メディアを使うという手法は以後、山口組四代目継承問題、さらにいまも抗争中の「六神抗争」においても用いられることになる。情報社会の現在、メディアを用いた戦略はやくざ社会においても大きな力を持つようになったのである。

そしてもうひとつ見落としてはならないのが、五代目山口組が弁護団を結成し、暴対法は憲法違反だとして行政訴訟を起こしていたことだ。弁護団長は遠藤誠《えんどうまこと》だ。遠藤弁護士は帝銀《ていぎん》事件弁護団長や反戦自衛官訴訟弁護団長などを務めた「反国家権力」の硬骨漢で、暴対法の行政訴訟においては無償で山口組の代理人を務めた。

大上事件に関して遠藤弁護士が山口組上層部にどういうアドバイスをしたか私にはわからないが、記者会見を開いて世間にアピールするということに、なんらかの関与があったと考えるのが自然だろう。

もし、そうだとすると、山口組が大上事件を社会問題化しようとした背景に暴対法の存在があったということになる。だが、当時の私は大上が殺されたことの怒りとショック、そして仇討ちという人生を懸けた重圧で、そこまで俯瞰《ふかん》して考えることはできなかったのである。

府警を追及しないメディア

山口組の動きは速かった。

大上の死亡が確認されたのが十九日の午前三時。その日のうちに記者会見場として大阪日《にっ》航《こう》ホテル裏の富士屋《ふじや》旅館を準備し、夜に記者会見をした。

会見に出席したのは大上の嫁さん、中野太郎、弁護士、そして私だったが、会見に先立ち、大阪・日本橋《にっぽんばし》の義竜会大阪支部事務所に宅見勝や瀧澤孝、桑田兼吉、中野太郎らが集まり、下打ち合わせをして会見に臨んだ。

新聞、週刊誌、テレビなど多数のメディアが集まり、司会は硬派でやくざ社会にもくわしいジャーナリストの大谷昭宏《おおたにあきひろ》だった。富士屋旅館の玄関にテーブルを置いて私たちが座り、メディアは立ったまま会見が始まった。質疑応答が活発になされた。大阪府警の行きすぎた取り調べを世間に訴え、それが是正されるなら、大上の死は決してムダにはならない。私たちは府警の非を訴えた。

ところが、その夜のテレビニュースではいっさい報じられなかった。翌朝の新聞も朝日《あさひ》新聞と神戸新聞が警察発表をもとに経緯を短く報じただけで、他紙は黙殺したのである。

一九九二（平成四）年七月二十日付の朝日新聞は、「取り調べの組員が死亡　大阪南署、病死と発表」という見出しで、次のように報じた。

大阪市中央区東心斎橋《ひがししんさいばし》一丁目、大阪府警南署の刑事課調べ室で十八日午後二時五十分ごろ、銃刀法違反容疑で逮捕され取り調べを受けていた暴力団組員（四四）が突然、呼吸困難になって倒れ、市内の病院に運ばれたが、十二時間半後の十九日午前三時二十五分に死亡した。同署は司法解剖し、死因を「病死で、急性心不全の疑いがある」と発表した。

同署によると、組員は十八日午後一時二十五分から刑事三人に取り調べを受けていたが、急に食べ物を吐き、おう吐物が気管に詰まって倒れたという。同署は取り調べや倒れた後の措置について適正だった、と説明している。

遺族は十九日夜、弁護士らとともに記者会見。「警察の暴行で死亡した可能性もあり、解剖結果を取り寄せて死因を検討した上で、場合によっては刑事告訴や民事訴訟を考えたい」と語った。

なぜ、メディアは府警を追及しないのか。

私は憤りつつも、メディアは警察という国家権力に対して忖度したものと思った。告発するのは、しょせんやくざ――そういう驕《おご》りがメディアにあるとも感じた。会見で何が飛び出すかわからないから、念のため記者を出しておこうと思った程度だったのだろう。権力の横暴を世に問う深刻な問題として社会に提起するはずが、大きく取り上げられることもなく不発に終わる。権力というとてつもない存在を、私はあらためて思うのだった。

では、なぜ大阪府警の取り調べは苛烈なのか。私は警察にかぎらず、上意下達という官僚機構の弊害をそこに見る。

府警の取り調べが激化するのは、まさに盛力健児がヤキを入れられた「大阪戦争」がきっかけだと思っている。それまでは、たとえばチャカを弾いたら警察と話し合いで出頭させ、捜査はそこで終わる。そういう暗黙の了解があった。敵対関係ではあるが、生きていくためにお互いが気づかい、越えてはならない一線を守った。一線とは人間として踏みにじってはならないもの――たとえば約束であり、信頼である。

ところが「大阪戦争」は山口組の組織ぐるみの抗争であり、何人もの死傷者を出した。早く手を打たなければ、府警はメディアの批判にさらされる。政府も黙ってはいまい。抗争を沈静化させるには組の上層部を逮捕すべきだと警察庁上層部は考え、大阪府警に徹底捜査を厳命した。命じられた府警本部長は刑事課長へ、課長は係長へと命令は下に下りていく。

かくして一線の刑事はチャカを弾くなどした実行犯グループを徹底的に取り調べた。それでもうたわないとなれば、どついて蹴って調べた。お互いが手を打つ余裕も信頼関係もそこにはない。大阪府警マル暴は「大阪戦争」での捜査手法を伝統として引きずり、大上健二は殺されてしまったのである。

記者会見は不発に終わったが、「ケンカ太郎」に率いられる組員は動いた。実行部隊は鈴木良男率いる鈴木組。警告として大上にヤキを入れた刑事のひとりの家に犬の首を切って放り込んだ。映画『ゴッドファーザー』では馬の首だったが、犬の首でも送られた側にしてみればその恐怖たるや大変なものだろう。しかも「犬の首」であれば、犯人が発覚しても罪状は器物破損など軽犯罪法違反にすぎない。費用対効果からすれば、これほど効果的な脅しはない。中野会はそこまでやる組織だった。

大上健二という男

大上健二の遺体は私が姫路に連れ帰り、安楽院で葬式を出した。大上は山口組三次団体である義竜会の若頭だが、実質は中野会の組葬のようなものだった。盛大で山口組の各組から動員もされたのだった。三、四百人は来ていた。播州《ばんしゅう》地区（兵庫県南西部）以外の親分衆は代理を立てて本人は来なかった。中野会の直参であればまた違ったのだろうが、「枝」の若い衆の葬儀となれば足は向きにくいだろう。

大上は私が喪主になって葬式をした最初の若い衆になってしまった。

出会いは一九七八（昭和五十三）年、私が初犯で神戸刑務所に入ったときだから、つきあい始めて十四年になる。私と同い年で、刑務所では部屋も一緒、作業場も洋裁工場で一緒。

大上も私と同じく刑務所は初入とあって右も左もわからなかった。お互い気が合い、寝るのも隣同士で、布団に入ってからも小さな声でよく話をしたものだ。

大上は大日本平和会・山中会三宅組の若い衆だった。大日本平和会は神戸を本拠地とし、山口組と勢力を二分した本多会を前身とする。刑務所のなかだから盃を交わすことはできないが、このとき親戚づきあいをしようと約束した。大上と知り合ったことで私は人生の財産をつくったと思った。それほど男として、やくざとして魅力があった。

大上が所属する三宅組の三宅組長が山中会の二代目を継ぎ、大上は三宅組の若頭に出世するが、大日本平和会はジリ貧で、代紋でシノギをすることが難しくなっていた。

「平和会の代紋では取り立てに行ってもカネ持ってけえへん」

大上がめずらしくボヤいた。

京都の会津小鉄会がケツ持ちしている取り立てがあるのだが、相手にシカトされたというので、私が京都に出向き、ポストに竹中組の名刺を入れて帰った。それだけで相手は慌てて五百万円を持ってきた。竹中組は日の出の勢いだった。

一九九二（平成四）年、大日本平和会が解散し、それにともなって山中会も解散する。

「山中会の者は義竜会に行かせる」

と大上は私に言った。

なぜ、大日本平和会が私に注目したかといえば、当時、大日本平和会幹事長だった藤本登の出所にさかのぼる。私は藤本ともつきあいがあり、神戸刑務所近くの臨海公園で行われた藤本の放免に顔を出すのだが、このとき、私は真っ白なスーツを着てロールスロイスで乗りつけた。しかも運転させた女も私と同じ真っ白なスーツを着させたのだ。当時、ロールスロイスに乗っているやくざは少なかったし、二人しておそろいの真っ白なスーツ。ギャング映画に出てくるような格好で行ったものだから、

「あれは、どこの若い衆や」

大日本平和会の連中がザワついた。

「あれが竹中組の竹垣悟や。このあいだ、『実話時代』に出とった」

手前味噌《みそ》になるが、絵になったと思う。

「これからは竹中組の時代だ」

「竹中組のなかで若手ナンバーワンというたら竹垣悟や」

そんな評判が立ち、私は大日本平和会から注目されたというわけだ。

当時、義竜会は百五十人ほど若い衆を抱えていたが、私は全幅の信頼を置く大上を若頭と

して迎えたのである。

少し話がそれるが、いくら器量があっても、気の合わない者を若頭にすることはない。親方が「右を向け」と決断したときに「左がええんとちゃいまっか」と反対されたら困る。白いもんを「黒や」と親方に言われても、「はい、そうです」と頭を下げるのが若頭だ。だから器量があって親方のイエスマンを若頭に据える。一般社会では側近にイエスマンばかり置くことの弊害がよく指摘されるが、上意下達の疑似家族であるやくざ組織はそこが違うのだ。

「大上、義竜会のカシラやで」

そう言うと、

「それやったら、姫路に住まなあきまへんな。姫路半分、大阪半分にしますわ」

と返事した。

大上は大阪にマンションを購入していたが、義竜会の若頭就任に際して本拠地の姫路にも住まいを構え、大阪と姫路と半々の生活を送ることになる。大阪と姫路は近いので、そこまでしなくてもいいのだが、大上は義竜会若頭という立場を身をもって示した。

大上とはそういう男なのだ。大上を亡くした私の悲しみがわかってもらえるだろうか。

大上の葬儀で、私は喪主として、

◉大上健二の葬儀に参列した義竜会のメンバー

「この仇は必ず取ります。本日はご臨席を賜り、誠にありがとうございました」

と挨拶を締めくくった。

だが、大上の仇を取るためには何人の若い衆を犠牲にしなくてはならないのか。仇討ちに大義はあるのだろうか。中野会のメンツのために走るのか、義竜会のメンツのために走るのか――。

(正久親分ならどうするだろうか)

何度も自問した。

警察の横暴に対して世論のあと押しがあれば、また私の考えも変わっていただろう。義竜会が報復に走ることで、暴力は非難はされても大きな社会問題を提起することになる。安倍《あべ》晋三《しんぞう》元総理が狙撃された事件のように、仇討ちという引き金が背後に横たわる社会問題をえぐり出すことになるかもしれない。あるいは、いま社会問題になっている工藤會と同じように「反社」として非難の的になってしまうかもしれない。私は後者だと思った。仇討ちは全国のやくざたちの首を絞めることになるだろう。私は矛を収めることにした。「大上事件」は、こうして闇のなかに音もなく沈殿していったのである。

大阪府警の取り調べは、一時はおとなしくなるだろう。だが、組織の体質はそう簡単には変わらない。ヤキ入れがなくなったという話は、いまにいたっても私は聞かない。

大上はこうして殺された

大上健二の死から日がたつにつれ、事件の詳細について警察関係者が少しずつ私に漏らすようになった。

「ヤキを入れた曜日に注目やで」

知人の刑事はそう言ってから、

「土曜日の午後やろ。午前中は弁護士が面会に来るから、ヤキを入れられへん。何かあったら訴えられる。せやから、弁護士が来《こ》おへんの狙《ねろ》うて、午後から道場に引っ張り出しとるんや。しかも日曜は弁護士が来おへんやろ。痛めつけても月曜まではバレんわけや」

別の刑事は自身も経験があるといって、柔道の道場でのヤキの入れ方についてこう語った。

「首をつかんで真上に上げておいて思い切りバーンと投げつけるんや。そうすると内臓がザーッと下りてきて喉に食べものがつまるさかい、一瞬、気ィ失う。そこで背中に喝を入れると、つかえた食べものが動いて息を吹き返すんやな。この繰り返しやけど、喝を入れるにはコツがあってな。ヘタな人間ではでけへん。それで大上は亡くなったんやろ」

「何回もヤキは入れとるんやろうけど、勾留期限ギリギリになってもうたわへんさかい、焦ったんやろ」

真偽のほどはもちろんわからない。わからないが、府警のことだ。さもありなんと納得した。関係先からチャカが出た以上、大上が否認しても、警察は起訴に持っていける。チャカを押収したのだから、刑事は手柄を立てた。入手ルートについて追及するのは職務として当然としても、マル暴なら大上がどんな男かわかっているはずだ。ヤキを入れてうたうようなやくざではないにもかかわらず、入手ルートという、さらなる手柄を立てようとして殺したのだ。

（そんなことが許されるのか）

記者会見まで開いたのに、メディアは無視した。ヤキを入れた三人の刑事はすぐに署を異動になり、それで幕が引かれた。私はやり場のない怒りに身体が震えた。大上はさぞかし無念だっただろう。だが、命と引き換えに、いっさいうたわなかった大上の死はやくざとして「名誉の戦死」だと私は思った。

大上が亡くなって四年後、私は五輪塔を建立し、ここに大上の遺骨を安置した。五輪塔は私が率いた義竜会会員を弔うために建立したものだが、会員だけでなく、坂本義一会長の遺骨と、坂本会長から受け継いだ竹中正久四代目の分骨も安置してある。私の一日はこの塔の方角に向かって合掌することから始まるのだ。

やくざの死に際

やくざは畳の上では死ねないという。

「身体を懸けて渡世する以上、いつ、どこで、どんな死に方をするかわからない。それだけの覚悟を持て」

という意味だが、裏を返せば、

「畳の上で死ぬことなど考えてはならない」

と戒めているのだ。

やくざの口ぐせである「人生、太く、短く」もそうだ。生きることに恋々として長生きしようと思えば抗争に臨んで足がすくむ。それではやくざは務まらない。「太く、短く生きる」と自分に言い聞かせることで、ひるむ気持ちを鼓舞するのだ。

そういう意味では、やくざはつねに死を意識している。少なくとも頭の片隅に死が巣くっている。大上の死を私は「名誉の戦死」と書きはしたが、大上ほどの男であればもっと別の生き方があったのではないかと考えてしまう。得がたい命を授かりながら死と隣り合わせの生き方をすることのむなしさを、私はカタギになってつくづく思うのだ。

私が知るやくざで不遇な死を遂げた人間は何人もいる。組事でやむなく身体を懸けた人間もいれば、酒の上の些細なケンカで命を落とす者もいる。生きてはいても覚醒剤で「生きる屍《しかばね》」になったやくざも少なくない。無期懲役で死体になって出所する者もいる。

組事という「地雷原」を踏まず、生き長らえることができても、晩年を悠々自適で過ごすやくざは少ない。シノギが苦しくなって生活に困れば見栄も外聞もなく平気で生活保護を受

◉竹中正久から盃を受けた日に撮影した写真

ける。生活保護の受給が悪いといっているのではない。肩で風切り、カタギを食いものにしてきたようなやくざが、当然のような顔をして生活保護を受けることを私はよしとしない。

反対に生活が苦しくともカタギになって第二の人生に生きがいを見いだすやくざもいる。生活保護に走るやくざと第二の人生を完全燃焼して生きる人間と、どっちが幸せだろうか。要は「生き方」の問題だと私は思っている。人生は邂逅《かいこう》に尽きるというが、まったくそのとおりだ。

私の嫁がよく口にする言葉がある。

「お父さんは人の縁に恵まれた」

と——。

振り返れば、東映の大部屋時代、若山富三郎《わかやまとみさぶろう》にかわいがられ、付き人をした。そして先生と仰ぎ、親分・子分のような関係になった。

本物のやくざになってからは竹中正久という日本一の親分に出会い、盃をもらった。私が持って生まれた星のもとは僥倖《ぎょうこう》の連続だった。

やくざになるときは人生の流れで「気がついたらやくざになっていた」という人間が少なくない。だが、足を洗ってカタギになるときは違う。「気がついたらカタギになっていた」ということは絶対にない。指を飛ばしたり、現役のやくざの風下に立ったりする決意を持って踏ん切るのだ。カタギになるのも一大決心がいるが、カタギを貫くにはそれ以上の覚悟がいる。五仁會を二〇一二（平成二四）年一月二十日に創設して十一年がたち、ますますその思いを強くするのだ。

岡崎署で勾留中の男性が死亡

大上健二の死に報いるための記者会見は不発に終わったが、それから三十年後の二〇二二

（令和四）年十二月、愛知県警岡崎《おかざき》署で勾留中に男性（四十四歳）が死亡する。死亡した男性の父親が新聞の取材に応じて、

「動物以下の扱いだ。警察には謝ってもらい、子どもの無念を晴らしたい」

と語り、愛知県警は特別公務員暴行陵虐容疑で岡崎署を家宅捜索する事態に発展し、大きな社会問題になった。

毎日新聞電子版は、「岡崎署勾留死の男性、裸で拘束のまま放置　便器に頭、署員水流す」という見出しで次のように報じた。少し長くなるが、事件の概要がよくわかるので、大上事件を念頭に置きながら読んでいただきたい。


愛知県警岡崎署（同県岡崎市）の留置場で無職男性（43）が勾留中に死亡した問題で、署幹部も身体拘束された状態の男性に暴行していた疑いがあることが、県警関係者への取材で判明した。また、保護室内の便器に男性の頭が入った状態で放置されていたことも明らかになった。県警刑事総務課は16日、同署の対応に問題があったとの見方を強め、本格的な捜査を開始すると明らかにした。

関係者によると、署幹部が保護室内に入り、身体を拘束されて横たわる男性を蹴る様

子が、監視カメラに映っていた。この問題では、男性が複数の署員から暴行を受けていた疑いがあることも既に判明している。

男性は裸の状態で「戒具」と呼ばれるベルト手錠と捕縄をつけられ、トイレも思うように使えない状態だったという。男性の後頭部が便器に入った状態で放置されていたが、そのまま署員がトイレの水を流していたことも分かった。

男性は留置場で暴れるなどして保護室に隔離され、ベルト手錠などで手足を縛られていた。身体拘束は延べ140時間以上に及んだ。約5日間食事をしていなかったことも判明。男性が自ら食べなかったとされるが、同署は栄養補給など必要な措置を取っていなかった。男性は病院搬送時、脱水症状になっていた。

また、男性には糖尿病と統合失調症の持病があったが、医師の診察を受けさせるなど必要な医療措置を怠った疑いもある。精神疾患の薬は飲ませていたとされるが、留置管理の担当者は糖尿病について「対応を忘れていた」という趣旨の説明をしているという。

男性は11月下旬に公務執行妨害容疑で逮捕され、勾留中の今月4日に腎不全で死亡した。県警は刑事部門も含めた約40人態勢で、当時の状況を調査していた。【森田采花、熊谷佐和子】

同じ暴行致死事件でありながら、なぜ大上健二の死は黙殺され、この男性の死は県警を動かしたのか。時代の流れで人権意識が高まったということもあるだろう。誤解を恐れずにいえば、男性に統合失調症の持病があったことが影響しているのかもしれない。ハンディを負った人への加害行為に対して、メディアが健常者のそれより批判を強くするのは当然だろうし、そうあるべきだと思う。

だが、その一方、この記事を読みながら、

(もし、この男性がやくざであったらどうだろうか)

という思いが私の脳裏をよぎるのだ。

果たして、ここまで社会的な問題になったのかどうか。

取り調べにおいて、暴力は言語道断としても、警察が職責をまっとうしようとすれば、恫《どう》喝《かつ》もするだろうし、机を叩くこともあるだろう。だが、それがやくざに向けられたものであれば、メディアは黙殺し、身体的なハンディがあったり、社会的弱者であったりすれば「正義の御旗《みはた》」を振って警察の加害行為を追及する。すべての人が平等に生きていく社会は大事で、そのための「正義の御旗」は振り続けるべきだと思う。

言葉を換えれば、「弱者の時代」の到来ということになりはしないか。

男を売り、カタギから恐れられ、やくざが肩で風を切って歩いた時代もある。私はそれを享受したひとりだ。だから高倉健に代表される任侠映画が大ヒットし、実話系雑誌が何誌もあった。やくざはネガティブであってもヒーロー視された時代はたしかに存在した。

だが、時代は変わった。

やくざの時代は終わった。

大上健二の死を「名誉の戦死」と私がいったのは、そんな時代の終焉《しゅうえん》を象徴するという意味もあるのだ。

名古屋刑務所の受刑者死亡事件と監獄法の改正

暴力事件は警察署だけではない。

刑務所という世間から隔離された施設でも死亡事件が起こっている。二〇〇一（平成十三）年、名古屋刑務所の副看守長ら三人の刑務官が受刑者（四十三歳）の腹部を革手錠のベルトで締め上げ、消防用ホースで肛門に放水して死亡させ、特別公務員暴行陵虐致死などの罪に問われた。

この事件の報を聞いたとき、私は現役だったが、

(エグいことをする)

と思う一方、

(そこまでやったとしても不思議ではないな)

という納得もあった。

「右向け!」

と命じられたら右を向くしかない。

逆らえば「担当抗弁」という規則違反になって懲罰だ。受刑者のなかには理不尽な仕打ちが我慢できず、性懲りもなく何度も担当抗弁を繰り返す硬骨漢もいるが、懲罰があまりに多いと独居拘禁されてしまう。そんな人間は入所して出所するまでほとんど懲罰で過ごすことになる。刑務官のなかには人情味がある人間もいるし、私も世話になったが、しくみとして刑務官に抵抗することは不可能になっているため、受刑者は刑務官の奴隷でいるしかないというわけだ。

だが、それにしても名古屋の「肛門放水事件」は常軌を逸していることから考えて、おそ

らく以前からシメていたはずだ。それがエスカレートし、予期せぬ死亡事件になったため、図らずも発覚したということだろう。

特異な事件であり、日弁連や野党が政府を激しく追及。人権意識の高まりという世論を背景に二〇〇六（平成十八）年、明治時代に制定された監獄法が百年ぶりに全面改正されて「受刑者処遇法」になる。

改正の要点は受刑者の人権尊重と処遇改善だ。面会の回数が増え、これまで親族にかぎられていた面会は親族以外にも拡大されたり、手紙の発受の回数も最低保障回数が月四回とされたりした。行刑運営の透明性を確保するため、第三者機関である刑事施設視察委員会が設置されるなどしている。内容は煩雑なので、ここでは立ち入らないが、人権に配慮したものになっている。

しかし、一方、受刑者に人権などというと眉をひそめる人もいると思う。刑務所は犯罪者を隔離して罰を与える施設だ。

「人権を訴える立場か」

と言いたくもなるだろう。

だが、どこの国においても、社会の実相というのは「社会の陰」になった部分に表れるものだ。振り込め詐欺で社会問題となっている「ルフィ」という人物がフィリピンのビクタン収容所から指示を出していたということで収容所の腐敗が話題になった。ワイロが横行し、カネをつかませれば、刑務官がいろいろな便宜を図ってくれる。

「フィリピンは、とんでもない国だ」

テレビでコメンテーターたちが憤慨し、法治国家である日本社会がいかにすばらしいかを語っていたが、日本人にフィリピンの収容所の腐敗を笑う資格があるだろうか。刑務官という公務員が受刑者を奴隷扱いし、肛門に消防用ホースで放水して死なせたのだ。フィリピンの腐敗とどこが違うというのか。見せかけでなく、その国に人権というものがどれだけ根づいているかは「社会の陰」になった部分を見ればわかるのだ。

では、百年ぶりの刑法改正で刑務官の意識は変わったのか。

（無理だろう）

と五回も刑務所を経験している私は改正当時から懐疑していた。受刑者の権利をどれだけ拡大しても、絶対服従しなければならないというしくみが変わらない以上、刑務官は受刑者に君臨する。君臨すれば暴力を振るうのは当然だ。

二〇二二（令和四）年十二月、法務省は名古屋刑務所の刑務官二十二人が男性受刑者三人

に対して顔を叩くなどの暴行を繰り返していた疑いがあると発表した。半年にわたってアルコールスプレーを顔に噴射したり、サンダルで叩いたりなどの暴行を個別に繰り返していたという。

齋藤健《さいとうけん》法務大臣は、

「断じて許されず、きわめて遺憾。深く反省するとともに、受刑者に深くおわびする」

と陳謝する一方、「肛門放水事件」を引き合いに、

「あれだけ大きな事件を起こしておきながら、なぜこうなったか。私自身理解できない」

とコメントしたが、私は残念ながら「理解できる」といっておきたい。

刑務所の厳しさはトップの生き方による

刑務所の厳しさはトップの生き方による。何千人も収容する大規模刑務所であっても、所長の人生観ひとつで厳しくもなれば、ゆるくもなるのだ。

たとえば定年間際で赴任し、残りの任期を波風立てず穏当に過ごそうと考える所長は穏当な処遇を心がける。受刑者に厳しくしすぎてメディアに書き立てられるようなトラブルが起

これば、定年を前にして責任を取らなければならなくなり、経歴に傷がつく。だから、そういう所長は部下にムチャをさせない。上意下達という階級社会にあっては、それぞれが上司の顔色を見て行動するため、自然と刑務所のカラーというものができあがってくる。

反対に力で受刑者をねじ伏せ、刑務所の秩序を確立しようとする熱血漢の所長であれば刑務官を厳しく指導する。刑務官も処遇が生ぬるいと見られれば自分がマイナス査定になってしまうため、おのずと受刑者に厳しく接することになる。

だが、所長という組織トップがいちいち現場で刑務官を指導するわけではない。トップの意を酌んだ管理部長が采配する。所長がことなかれ主義であれば管理部長は柔らかくなるし、キツイ人であれば当然、厳しくなる。キツイ管理部長は懲役でなく担当刑務官をシメるのだ。いわば軍隊における「鬼軍曹」のようなものと思えばいいだろう。刑務所は所長より管理部長のほうが管理面で色が出るといわれるのは、そういう理由による。

刑務官もそれぞれ人生がある。役職が係長から上になると何年かに一度、異動があって、ほかの刑務所に転勤させられる。子どもの教育のことなど家庭の事情から転勤を避けるため、わざと昇進しない者もいる。私が二回目の懲役に行った一九八三（昭和五十八）年当時、熊本県出身の担当によくかわいがってもらったが、彼がこんなことを言っていた。

「わしは、もう刑務所の近くに家も建てたし、いまさら転勤になってもかなわん。昇進試験も受けずに、神戸で骨を埋《うず》めるつもりや」

と口にしたことがある。

あるいは仲よくなった年配の担当が神戸刑務所が建設された当時のことを振り返って、こんなことを言ったことがある。

「わしら地元の人間は神戸刑務所ができたときに地元採用ということで採用されたんや。刑務所ができてなかったら、わしらずっと農業をしていた。せやけど、わしら、なんぼ頑張っても出世できなんだ」

定年間際の刑務官のこんな話を聞くと、泣く子も黙るといわれる担当も人の子であるとつくづく思う。その同じ「人の子」がやくざをシメ上げる。

刑務所という閉鎖空間と権力の持つ怖さと同時に、人間が生来有する残虐性というものを、私は感じないわけにはいかないのだ。

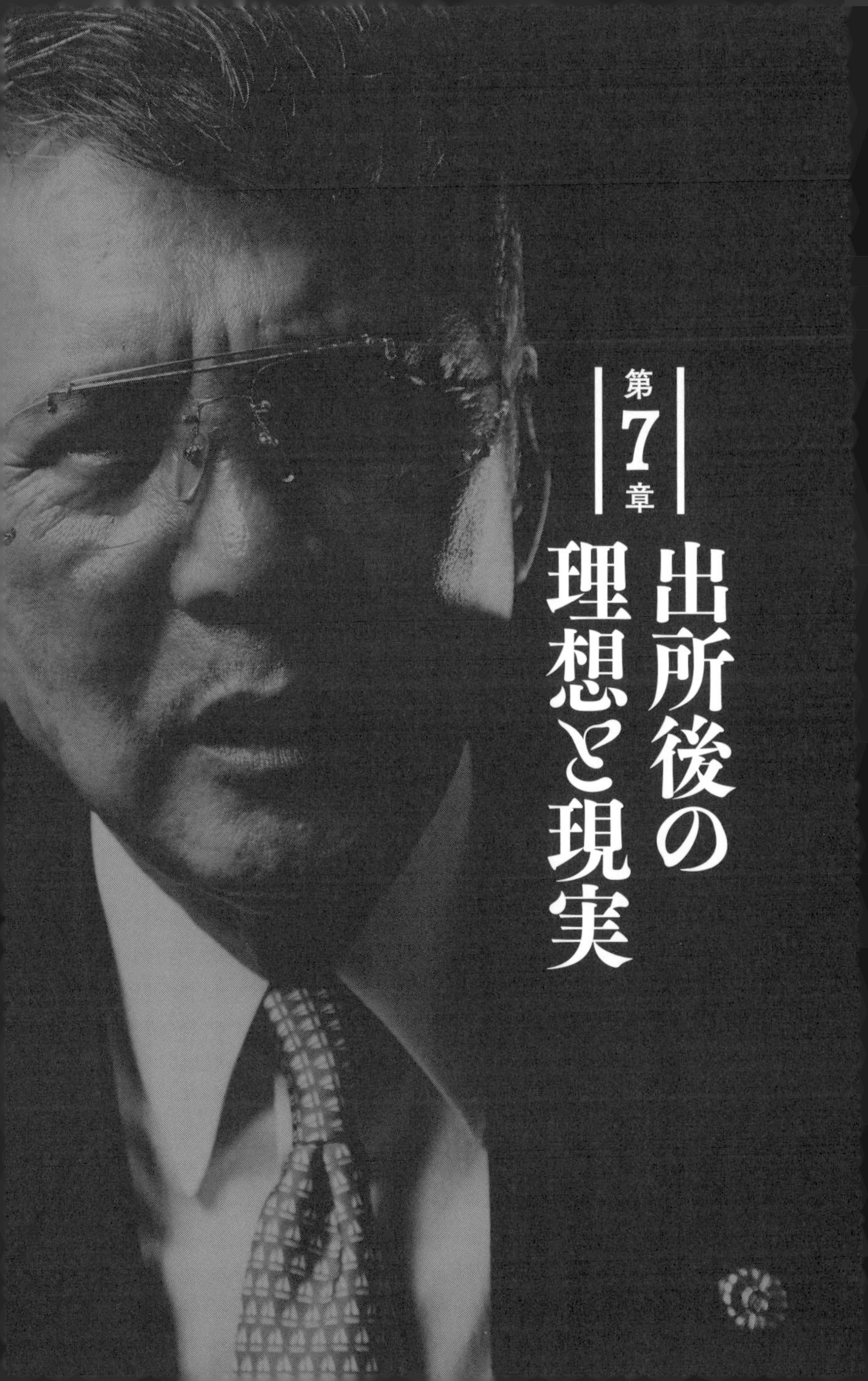

第7章 出所後の理想と現実

氷河期に入った暴力団

やくざは「冬の時代」から「氷河期」に入った。

暴力団を資金面から追い込むために制定された暴対法の施行は、くしくもバブル経済が不動産融資総量規制によって弾け飛んだ翌年、一九九二（平成四）年のことだ。表経済が長い平成不況に突入すると同時にシノギに法の網がかけられたことになる。ここからやくざは「冬の時代」に入っていく。

そして、さらにそれから十二年後の二〇〇四（平成十六）年以降、各自治体が相次いで暴排条例を制定するにおよんで、やくざのシノギは「氷河期」を迎え、現在にいたる。

要するにやくざではメシが食えなくなったのだ。

これは数字を見れば一目瞭然で、警視庁組織対策部が二〇二二（令和四）年三月に発表した実態調査によると、暴力団の正規構成員の数は全国で一万二千三百人。統計が残る一九五八（昭和三十三）年以降、最低を記録した。平成初頭には六万人以上の正規組員がいたのだから、激減どころか「絶滅危惧種」になっている。

かつてやくざが人気の時代があった。義理、人情、我慢、そして任侠道——高度経済成長をひた走った時代、日本人が経済発展と引き換えに失いつつあった美徳をやくざは具《そな》えていたといっても過言ではない。

「バカでなれず、利口でなれず、中途ハンパでなおなれず」

というストイックな生き方が日本人を惹きつけ、任侠映画は全盛だった。

高倉健が殴り込みに行くシーンでは、

「健さん！」

と客席から声が飛んだ。左翼の連中でさえやくざ的な生き方にあこがれ、礼賛した時代が確実にあったのである。

ところが、いまはどうだ。やくざと一緒にゴルフをしたり、飲食したりするだけで一般人も「密接交際者」のレッテルを貼られ、警察から指導が入る。やくざは金融機関で口座を持てず、生命保険やクレジットカードを解約されたり、子どもが学校でいじめを受けたりしている。私にいわせれば、やりすぎだと思うし、実際、人権の観点から法律家たちも問題視している。

では、なぜやくざが「反社」になり下がったのか。

時代が変わったというより、やくざがやくざでなくなったことに真因があると私は思っている。二〇〇五（平成十七）年に足を洗ってカタギになった私は、やくざのいい時代も、暴対法と暴排条例で追いつめられていく時代も知っている。義理だ、人情だ、任侠だと言っていられなくなったのも理解できないわけではない。

だが、なぜやくざは追いつめられなければならなかったのか。

バブル経済華やかなりし時代に「経済やくざ」という言葉が生まれ、カネこそが力の源泉になった。「経済やくざ」を標榜する彼らは任侠を標榜するやくざを古い人間と嘲笑し、カネを持つ組長が組織のなかでのし上がっていくようになる。盛り場で札《さつ》ビラを切った。カジノのＶＩＰ客としてラスベガスやソウルで遊んだ。

だが、資金力と武闘力を背景に不動産投資や株式など表経済に進出し、脅かす存在になるにおよんで、当局は危機感を持った。暴対法や暴排条例はその結果として整備されていったのである。

すなわちカネがやくざを変え、生き方を変え、その結果、やくざは社会から弾き飛ばされようとしているのだ。

だからやくざは「生き方」ということをいま一度考え直さなければならない。義理、人情という任侠道をやくざから取ってしまえば、暴力を振るうだけのギャングにすぎない。義理を欠き、自己保身と自己利益のために平気で恩人を裏切るような生き方をしていたのでは蛇蝎と変わらない。

だが、「義理」と口で言うのは簡単だが、義理を通すというのは楽ではない。義理とはカネのことだ。葬式があったら義理を持っていく。刑務所を出所してくれれば義理を持っていく。この不景気の時代は誰だってカネに忙しい。カネは出したくはないが、借金してまでも義理を持っていくだけの見栄と気構えがなければ、それはやくざとは呼ばない。

「カネの切れ目は縁の切れ目」

と世間でいうが、私にいわせれば、

「カネの切れ目は任侠の切れ目」

ということだ。

貧すれば鈍するとはよくいったもので、シノギが苦しくなると、それにつれて義理と人情が薄れていく。それでいいのだろうか。

たしかにカネは大事だ。きれいごとだけで世の中は渡ってはいけない。親方にしてもカネを持ってくる若い衆は正直いってかわいい。私の兄貴分だった初代古川組・古川雅章組長は器量がある親方だったが、私にこう言ったことがある。

「抗争だけ行ったって、コメを運んでくる者もおらなあかんがな」

組織を維持するにはカネがかかる。カネを組に運んでくる若い衆は大事ではあるが、私の現役時代はカネを運んでこられない若い衆は抗争事件で身体を懸けた。だから、その組は一目置かれ、シノギにつながっていく。

◉古川雅章（左）

ところが、いまはどうだ。身体を懸ける人間はほんのひと握りになってしまった。前述したように古川恵一を蜂の巣にした元二代目竹中組の朝比奈久徳や、高木昇（池田組若頭、昇伸会会長）を射殺した山本英之（三代目弘道会）のように無期懲役覚悟で走る人間が何人いるだろうか。

若い衆は親方に骨を拾ってもらえるものと信頼を寄せるから身体を懸ける。判決で無期を打たれようとも心酔する親方のために人生を捨てる。だが、任侠道が廃れ、若い衆を捨て駒のように扱う親方が多くなったいま、組事で若い衆が身体を懸けなくなるのは当然だろう。

こうした風潮のなかで、やくざのなり手は激減した。前述のようにやくざであるというだけでクレジットカードがつくれない。銀行口座もつくれない。クルマを買うにもローンを組めない。部屋も借りられない。しかも懲役と隣り合わせの日々となれば、誰がやくざになるというのか。不良たちにとってやくざはあこがれの対象ではなくなってきたのだ。気のきいた不良であればやくざを敬遠して半グレに走るのだ。

だからやくざは高齢化の一途をたどる。どこの組も高齢化が進み、団塊の世代と呼ばれる七十代の組員がたくさん現役でいる。少子高齢化が国家にとって存続の危機であるように、高齢化するやくざ組織は早晩、消滅していくことだろう。

懲役は勲章であるという「錯覚」

組事で身体を懸け、長期刑を務めて組に凱旋すれば、組織はしかるべき座布団（地位）を用意して、労苦に報いる。これがやくざ社会における出世のひとつのパターンだと思われている。

本当にそうだろうか。

錯覚だと私は思っている。

それでも昭和三十年代、敗戦から立ち直りつつある日本が高度経済成長に向けて走り始めた時代はそうだった。経済成長に合わせ、それぞれの組が膨張を遂げていた。刑期を終えて出所してきた者を優遇するのは、ほかの組員を鼓舞する意味があり、力が正義の時代にあって、それは一定の効果を上げていた。

だが、私がやくざになった一九七二（昭和四十七）年当時、すでに長期刑は出世には不利だといわれていた。十年ひと昔といわれるように、十年以上の懲役に行けば出世もシノギも出遅れてしまう。山本健一、竹中正久、渡辺芳則、宅見勝など、ざっと思い浮かべても長い懲役は行っていない。中西一男（四代目山口組組長代行）は一度も懲役に行っていない。比較的長期の務めに行って出世した人間としては、古くは加茂田重政くらいしか思いつかない。加茂田は一九六〇（昭和三十五）年に大阪で起こった「明友会事件」の現場責任者として七年を服役しているが、のちの出世は本人の努力と器量だ。

あと、いま現役で長期刑から帰ってきて出世した人間としては、井上邦雄と前述の安東美樹がいる。井上は初代山健組の組員だった当時、「大阪戦争」で懲役十七年、安東は「山一戦争」で懲役二十年をそれぞれ務めているが、彼ら二人は加茂田同様、努力と器量でのし上がった男だ。

反対に長い懲役に行きながら報われなかったやくざはいくらでもいる。すでに紹介したように宮前篤は「山一抗争」で懲役十八年を務めた功労者でありながら、かねて大西康雄組長としっくりいっていなかったこともあり、出所したものの若頭から舎弟頭に降格。やくざに失望した宮前は出所後、わずか三カ月でカタギになり、私が主宰するNPO法人「五仁會」の理事長になったことは、すでに紹介したとおりだ。

私の最初の親分である坂本義一は殺人罪で十年の懲役を務めているあいだに所属していた組が消滅している。「姫路事件」で平尾光、高山一夫、大西正一らは懲役二十年を務めた。

だが、竹中武が継いだ竹中組は前述のように山口組から離脱。「山竹抗争」の末に消滅する。「姫路事件」で刑務所に行った者たちは帰る組を失い、報われることはなかった。

いまの時代はケンカ根性よりカネ儲けに達者な人間が出世する。先の古川雅章組長がいみじくも言ったように、「コメを運んでくる者もおらなあかんがな」となれば、カネを持ってくる若い衆はかわいい。

「バカでなれず、利口でなれず、中途ハンパでなおなれず」

という言葉を前に紹介したが、キーワードは「利口」にあると思っている。

利口とは損得の計算が立つことで、

「損得を考えて立ち回るようでは本物のやくざにはなれない」

という戒めだが、表裏一体という言葉があるように、社会全体が拝金主義になるにつれてやくざの価値観も変わり、利口者が出世するようになったということなのだろう。

私が刑務所で読んだ本に、

「人はパンのみに生きるにあらず」

という言葉が紹介されていた。

聖書（『新約聖書』マタイ伝・第四章）に出てくるイエス・キリストの言葉で、

「人間が生きていくためには、物質的満足だけでなく、精神的満足、充実も大切である」

という意味だ。

あるいは同じく刑務所で読んだ仏教書に「小欲知足《しょうよくちそく》」という言葉がある。

「欲はほどほどにしておかないと、それに振り回されて苦しむぞ」

という意味だ。

欲は生来、人間に具わった不可分のものとして、キリストもお釈迦《しゃか》さまも否定はしない。

これをやくざに当てはめて考えると、

「やくざもカネを稼ぐのはいい。だが、稼ぐことに夢中になってやくざの本筋である任侠道を忘れたのでは存在意義がなくなる」

ということになるだろう。

かつてやくざは侠客と呼ばれ、義理を美徳とする日本精神を体現する存在だった。清水《しみずの》次郎長《じろちょう》、幡随院長兵衛、大前田英五郎《おおまえだえいごろう》といった大親分は勧善懲悪という任侠道を貫く存在であった。だから称賛され、現代に語り継がれる。

そのやくざが、いまはどうだ。覚醒剤を売ったり、振り込め詐欺のケツ持ちをしてみたり、やくざとして恥ずべきことをやっている。シノギが苦しいからといって、やって良いことと

悪いことがある。私はやくざの世界を知り尽くしているだけに、

「やくざを続けるのやったら侠客になれ。なれんのやったら足を洗ってカタギになれ。その手伝いならなんぼでもする」

そこにこそNPO法人「五仁會」の存在意義があると私は確信するのだ。

五仁會は暴力団員更生では唯一の支援団体

私はNPO法人「五仁會」を設立するに際して更生施設を建てようかと考えたことがある。元刑務官で作家としても著名な坂本敏夫《さかもととしお》さんが一時期、姫路に住んでいて、刑務所を出た人間の自立、社会復帰のための更生施設に国から補助金が下りることを教えてくれたからだ。

施設はすぐに建てなくても、

「当面、住まいを事務所にすればいい」

とアドバイスしてくれ、私の気持ちも動いたが、

「ただし、三年で決算が合わなかったら取りつぶしになるよ」

と言った。このひと言で、

「そんなん、先生、やめとこ」

と返答し、たちまち気持ちが萎えた。

ボランティアでやるなら誰の指図も受けない。私の理念に沿ってやりたいようにやれる。だが、補助金事業となれば決算だなんだと面倒なことが生じる。経営手腕も必要になるだろう。私には自信がないだけでなく、お上がからむ補助金事業は性分には合わないと思ったのである。

いまの日本には犯罪者の更生支援はたくさんある。たとえば協力事業主といって刑務所を出た者を雇えば協力金が国から支払われる制度がある。社会貢献として立派だが、人手不足の現在、対価が支払われることを考えれば、雇用する側も決して悪い話ではないだろう。民間の力を利用して更生を推進したい国と、事業を営む雇用主はWin-Winの関係ということになる。

だが、同じ更生支援でも、相手が現役の組員となると話は変わってくる。

「暴力団を離脱して更生せよ」

と声を上げて主張し、活動をしているのは、ハッキリいって私だけだ。

リスクは当然ある。離脱は組員の人生にとってはプラスになろうとも、組にとっては大きなマイナスになる。組と私は必然的に敵対関係の構図になる。

「竹垣のボケ、余計な活動をしやがって」

そう思う組もあるだろう。身の危険はつねにつきまとっている。

だが、渡世を張ってきた私の男としての最後のご奉公だと肚をくくっている。更生したいという人間のためには身体も張る。やくざ時代は組のために命を懸けたが、いまは暴力団を離脱して更生しようとする人間のために、すべてを投げ出す覚悟でいる。

「家を一歩出たら、撃たれても悔いなし」

これまで、そういう生き方をしてきたし、これからもしていく。

「誰かがやる」

というのではなく、

「この俺がやる」

という覚悟だ。

私はその決意のもとにユーチューブに「竹垣悟チャンネル」を開設し、やくざをテーマに発信している。請われるままにやくざについてメディアにコメントしている。昔のこと、あるいは現在抗争中の「六神抗争」について、私が思うところを忌憚《きたん》なく述べている。興味本位ではなく、一般の人にはやくざの実相を、そして現役やくざには組織を離脱して足を洗ってほしいと思うからである。

五仁會の活動が評価され、二〇一四（平成二十六）年に第五回「作田明賞《さくたあきら》」優秀賞を受賞させていただいた。この賞は二〇一一（平成二十三）年に亡くなった作田明教授（犯罪心理学の精神科医）が生前に設立した「作田明記念財団」による顕彰で、犯罪や非行の防止と、犯罪者や非行少年の更生や矯正に尽力している個人や団体に贈られる。身に余る光栄と恐縮しながらも、五仁會の活動に意を強くしたものだ。

また、五仁會を設立以来、毎月続けている姫路歓楽街の清掃活動や、子どもの見守り隊といった地道な活動が徐々に認知され、二〇一九（平成三十一）年には石見利勝《いわみとしかつ》姫路市長から市政の伸展に尽くしたとして感謝状が贈られた。

さらに、同年十一月には和歌山市民会館で開催された「第二十八回　暴力追放県民・市民大会」に招かれ、特別講演をさせていただいた。この大会は主催者は和歌山県、和歌山市、和歌山県警察本部、公益法人和歌山県暴力追放県民センターという大がかりなもので、和歌山県知事をはじめ和歌山市長、和歌山県警本部長が列席したが、依頼を受けた当初、私のような元暴力団組長が講演していいものか迷った。

◉和歌山市の招待で特別講演を行う筆者（2019年11月）

もしマスコミがこれを問題視し、批判すれば全国的な話題になるだろう。県警本部長のクビは確実に飛ぶ。知事や市長も辞任に追い込まれるかもしれない。言い換えれば、私を招待するということは、それほどの英断であるということであり、同時に、これまでの地道な更生活動が認められ、評価されたということではないか。これほどの栄誉はないと考えて、講演させていただいた。

だが、何か行動を起こせば、必ず賛否の意見が出てくる。

「竹垣さんみたいに元やくざでも、頑張って更生したら、暴力追放大会で講演までさせてもらえる」

「世間に認められるんや」

「竹垣さんが更生したいうのが、わしらにとってええ見本や、励みや」

現役や元やくざからそんな声が寄せられる一方、

「やくざでメシ食うとった人間が、なんでやくざを批判するようなことを言うんや」

と、そんな声もある。

五仁會の活動をひとりでも多くの人に知ってもらおうと、「サンデージャポン」（TBSテレビ系）や「ビートたけしのTVタックル」（テレビ朝日系）などに出演し、ビートたけしさんや千原《ちはら》ジュニアさんと共演すれば、

「元やくざが何を浮かれとんのや」

と陰口を叩くやくざ連中も少なくない。

もとより覚悟のうえだが、こんな私の生き方に理解を示してくれる人もいる。元六代目山口組舎弟だった後藤忠政組長や、いまは亡き英五郎組長がその筆頭だ。

あえていわせてもらうなら、一銭の得にもならない更生活動のためにメディアで声を大にして暴力団批判ができるだろうか。命懸けなのだ。私の本気度を察していただければと思う。

ボランティア活動といえば、二〇一九（令和元）年六月、山下貴司《やましたたかし》法務大臣が杉良太郎《すぎりょうたろう》さ

んに顕彰状を贈った。杉良太郎さんは十五歳から慰問活動を始めて以来、ボランティアで受刑者に歌を披露したり、講演したりして表彰された。この年が六十年の節目になるという。

立派なものだ。しかし、それを売名行為だとしてSNS（ソーシャル・ネットワーキング・サービス）などで悪口を書き込む人間が少なからずいる。腹も立つだろうが、売名行為という悪口や陰口に対して杉良太郎さんはこういう趣旨のことを言った。

「売名行為だといったら売名行為ですよ。あなたも数十億、売名に使ってみなさいよ」

スカッとする言葉ではないか。言い訳じみたことを口にしないで一瞬で切り返してみせる。杉良太郎さんの本気度がこの一言《いちごん》に込められている。私もこう言ってみたいものだと、この言葉を胸のうちで何度も反芻《はんすう》したのである。

更生を拒む「元暴五年条項」

バブル経済華やかりし昭和の時代、やくざは暴力を背景に不動産や金融業界で暗躍し、わが世の春を謳歌《おうか》した。いいクルマに乗り、いい女を抱き、高級クラブで札ビラを切り、肩で風切って歩いた。

（俺もいつかは出世頭に）

そう思って男を磨いた。

だが、バブル崩壊で表経済が長い平成不況のトンネルに入り、やくざはそれに加えて暴対法と暴排条例で、いまも締め上げられている。

（このままやくざを続ける意味があるのか）

懲役に行けば否応なくこれからの人生を考えてしまう。

不良たちにとってやくざがあこがれの対象でなくなってきたいま、必然的にどの組も高齢化が進み、団塊の世代と呼ばれる七十代の組員がたくさん現役でいる。

二〇二一年（令和四年）、こんなウェブ記事を目にした。

散歩中にリードを離していた飼い犬のシェパードが通行中の男性に噛みつき、ケガを負わせたとして特定危険指定暴力団・工藤會系組長が重過失傷害の疑いで逮捕された。工藤會を追い込む一環なのだろうが、

（そこまでやるか）

と思いつつ、ひょいと被疑者の年齢を見て驚いた。なんと七十九歳なのだ。とっくに隠居している年齢ではないか。写真を見れば、前歯が何本か欠けている。高齢化問題は一般社会

だけでなくやくざ社会にも深刻な影を落としているのである。

老後や将来に不安を抱き、「カタギになって人生をやり直せるものなら、そうしたい」と考え、私のところに相談に来るやくざは何人もいるが、

「会長、わしらカタギになってもええけど、五年間通帳もつくられへんいうたら、やくざしてても一緒やんか」

と言う。

彼らがカタギになりたいと思っても、それを阻んでいるのが暴力団排除条例による「元暴五年条項」である。組を離脱しても、元組員はおおむね五年は暴力団関係者とみなされ、銀行口座の開設ができない。口座が開設できなければ、カード類もつくれない。クルマの購入など各種ローン契約はもちろん、保険の加入などもできないため、生活に支障を来すのだ。

となれば、

「カタギになる意味がないやないか」

ということになる。

「カタギになれ」とすすめておきながら、「元暴五年条項」で縛りをかける当局のやり方はアクセルとブレーキを同時に踏むようなもので、これは天下の悪法というしかない。

しかも高齢のやくざとなればカタギになっても働く場所がない。解体業や鳶職《とびしょく》といった現場仕事はすぐにでも雇ってくれるが、若い者ならともかく、七十を過ぎてからではまず無理だ。「元暴五年条項」で縛りをかけられたうえに仕事もなかなか見つからないとなれば生活保護を受けるしかないが、月に十三、四万円の支給額で生活するのが厳しいとなれば現実としてカタギになろうにもなれないのである。

二〇二二（令和五）年二月六日、西日本《にしにっぽん》新聞のウェブ版に興味深い記事が掲載されていた。警察庁によると、二〇一〇（平成二十二）～二〇一九（平成三十一）年で、警察などの支援を受けて離脱した元組員約六千二十人のうち、就労できたのはわずか百九十四人だというのだ。率にして三パーセントにすぎない。縁故による就職もあるだろうから、実質はかぎりなくゼロに近いということだ。その理由のひとつとして「元暴五年条項」を挙げている。

社会が受け入れないならやくざを続けたほうがいいと考えても不思議ではない。警察の資金源つぶしでシノギは苦しくはなっているが、やくざ社会に流れるカネはある。カタギになりたいと思いながらも「元暴五年条項」で苦しめられるのであれば、やくざを続けてカスリを取ったほうが得だということになる。

だから後期高齢者になりながらも組に会費を払ってまでも現役でいるのだ。現役でいればメシは食える。カタギになるほうが得だということにならなければやくざから足を洗う者は少ないだろう。「元暴五年条項」が天下の悪法だという理由がわかっていただけると思う。

行き場のないやくざは五仁會に来い

私の半生で人さまに誇れるものは何もない。

誇れるどころか、元やくざの組長で五回も懲役に行った。ケンカもした。抗争でチャカも弾いた。生死の境をさまよい、入院もした。シノギでは当然のように違法行為もした。

「あんな人になっちゃダメですよ」

という反面教師が私である。

だが、それでもあえてひとつだけ誇りたい。それはカタギになり、いま、こうして充実した第二の人生が歩めていることだ。しかも本を書き、雑誌にコメントし、テレビのメジャーな番組に出演もする。ユーチューブ「竹垣悟チャンネル」は多くのフォロワーがいる。自慢しているのではない。「元暴五年条項」を持ち出すまでもなく、やくざが第二の人生を歩むことの困難な現実のなかで、本気になって頑張れば道は開けるという実例として受け取ってもらいたいからだ。

では、なぜ私にはそれができたのか。

努力もあれば、背水の陣という肚をくくった部分もある。すばらしい仲間たちが集まってくれたということもある。だが、それより何より、地元・姫路での周囲の理解と協力、応援があったればこそと思っている。

◉五仁會の活動は地域貢献を重視している

やくざだった私は当然のように法律の道は踏み外したが、人間として道に外れたことはしてこなかった。これは私の自負である。とくに地元・姫路ではカタギとの人間関係に気を使い、地域への貢献を心がけてきた。

やくざだからケンカは日常的について回る。弱肉強食の世界で生きている以上、それが悪いとも思わない。勤め人が毎朝会社に通うようなものだ。だが、私は地元のカタギ衆に迷惑をかけないよう細心の注意を払った。初代竹中組の竹中正久親分がそうだったし、正久親分の実弟で相談役だった竹中正組長がそうだ。竹中のまーっさんは「保安官」と呼ばれるほどカタギに人気があったことはすでに紹介したとおりだ。

もちろん地元で頼りにされることで、法律で解決できない案件を処理するというシノギの側面もあるが、任侠道にあこがれていた私はカタギを泣かせるということが性に合わなかった。きれいごとに聞こえるかもしれないが、男伊達というのはそうしたものだという思いが強かった。

これはたぶん「刑務所では本を読め」と口を酸っぱくして言ってくれた正久親分の薫陶によるものだろう。偉人たちの半生を描いた本を読み、思想家や宗教家たちが説く身の処し方を古典で学び、「こういう人間でありたい」という思いが自然に身についたものと思っている。私は聖人君子ではなく、世俗の垢《あか》にまみれたひとりにすぎないが、やくざ時代から人に後ろ指を指されるような生き方だけはしてこなかったつもりだ。

松原八幡《まつばらはちまん》神社（兵庫県姫路市）の「灘《なだ》のけんか祭り」が十数万人の人出でにぎわうように、播州にはやくざを育てる土壌がある。任侠精神に富んだ竹中正久や竹中正の処し方はこの播州気質が育んだものと思っている。二〇二〇（令和二）年に解散したが、神戸山口組系邦楽會の福原辰広会長、あるいは新しく竹中組の名跡を復活させた二代目竹中組の安東美樹組長などが地元のカタギ衆に頼りにされている。やくざを礼賛しているのではなく、やくざとカタギとを問わず、地元で信頼を築くことの大切さを私はいっておきたいのだ。地元で信頼される人間になりたい――この思いが自分を律し、自尊心を育てていくのものと思っている。

やくざがカタギになって第二の人生を歩もうとするなら、現役当時から地元や組事務所がある地域で信頼がなければ、なかなか受け入れてくれないだろう。ここにもカタギになることの難しさがあるが、もし本気でカタギになりたいと思いながら八方ふさがりになっている人がいるなら、

「五仁會に来い」

と言いたい。

私と一緒に社会貢献活動をしていれば、道はおのずと開かれていく。

これは私の自慢だが、五仁會に悪い人間はひとりもいない。なぜなら、そういう人間は破門にしてしまうからだ。破門という言葉を使えばやくざ的に見られるが、これは私流の表現であって、五仁會のカラー、私のカラーに合わなければ当然ながら會にいられるわけがない。

「世のため、人のために頑張ろう」

という人間だけが結果として残り、こうして活動を継続しているのだ。

類は友を呼ぶというたとえのとおり、友が友を呼んで五仁會は少しずつ会員が増えている。組織の雰囲気や価値観はトップの人間性が決めるといわれるが、私は義理人情を何より大事にする。このことを知っているから、一大決心で組を抜け、更生するために五仁會にやってくる。五仁會の三分の一が元やくざなのは、そういう理由による。こうした人間の輪を、私は全国的に広げていきたいと願っている。

ハッキリいっておけば、私は現役の組員とつきあいがある。更生の道に引っ張っていこうとすれば、つきあいが生じるのは当然だ。一方、現役が、なぜ私とつきあうのかといえば、

(いつかカタギになって表社会を歩こう。嫁や子ども、親、兄弟のためにカタギの社会で頑張りたい)

そういう気持ちが心の奥底にあるからだ。

(絶対にカタギにはならへん、死ぬまでやくざや)

そう決心している人間は、私と気持ちが交わる部分がないため、つきあいが生じることはない。

更生というのは「やくざをやめ、組織を抜ける」――これが第一歩だ。そして組を抜けたら五仁會の門を叩いてほしい。五仁會は厳正な審査を経て県知事から正式に認可されたNPO法人だ。

「ためらう者にチャンスなし」

躊躇するなかれ、である。

過去の栄光と訣別した元やくざ幹部たち

カタギになって立派に更生した人間は何人もいる。

たとえば水原修だ。水原は安東美樹が再興した二代目竹中組で副組長をしていた大幹部で、二〇二一(令和三)年二月二十一日付で引退し、二代目竹中組から除籍状が出た。いまは水道関係の会社で一所懸命に働いている。

水原と私は若いころから兄弟分で、水原がカタギになるに際して五仁會の副会長で迎えようと思っていた。過激派のやくざだが、刑務所でも真面目だったのを私は知っている。しっかりした男だから、五仁會にとって有為な人材だと評価していた。

だが、よくよく考えてみれば、水原が引退してすぐに五仁會に来れば、

「なんや、昨日まで二代目竹中組の副組長として肩で風切っとって、今度は更生事業家かいな」

私がそうであったように必ずそういわれる。それが私にはしのびなく、しばらく猶予期間を置くことにしたのである。それで水原はいま水道関係の会社に勤め、カタギとして第二の人生を歩んでいるというわけだ。

水原のやくざとしての過激派ぶりはよく知られ、殺人未遂などで五回の懲役を務めている。語り草になっている事件は、加古川市の二代目松岡組の組員だった時代、山健組の播州ブロック長をしていた村中組・村中晃組長を弾いた一件だ。若い衆同士のケンカのもつれから組同士のトラブルに発展し、水原は至近距離から村中組長にチャカを三発弾き、トドメを刺すつもりで四発目は頭を狙った。

ところが入射角度によるのだろう。頭に当たった弾が頭蓋骨に沿って回り、首から抜けたのである。村中組長は命拾いし、水原は殺人未遂で済んだ。懲役九年を務めることになる。

水原の男としての真骨頂は出獄してからだ。三代目山健組・桑田兼吉組長から直々の声がかかった。

「水原、うちに来い。村中は撃たれて不憫《ふびん》やから、一年だけ村中の舎弟でおったってくれ」

桑田組長がそう言ったのだ。

当時の山健組は「山健にあらずんば山口組にあらず」といわれるほどの権勢を誇っていた。桑田組長に対してノーと言えばカタギになるしかない。やくざの道で生きようとする水原にしてみれば「わかりました」という返事しかなかった。

弾いた相手の盃を飲むというのは水原にしてみれば屈辱だったろう。泣く泣く飲んだ盃であったはずだが、私にも泣き言はいっさい口にしなかった。水原はそんな男だった。そして曲折を経て安東美樹率いる二代目竹中組副組長に上りつめていく。

その水原がいまは水道会社で汗をかいている。その姿に私は男の器量を見るのだ。

前項でカタギ衆に人気だったとして神戸山口組系邦楽會の福原辰広会長のことに触れた。福原会長は四代目山口組当時、「山一抗争」でジギリをかけた男だ。四代目山健組で副組長、神戸山口組では若頭補佐を務めた。カタギ衆から信頼される福原会長の資金力は姫路随一といわれ、二〇二〇（令和二）年に引退したときは「姫路の裏社会を支配する顔役」とメディアは報じた。引退に際してカタギになるとき、指を飛ばして決意を見せた。

五仁會の活動に理解を示してくれ、會が主催する大掃除のときなど、

「みんなで飲んでくれ」

と言ってビールを差し入れしてくれる。

一例として二人の元やくざ幹部を紹介したが、五仁會はこうした人たちを心のなかで支援しながら活動を継続しているのだ。

カタギになるという覚悟を持て

私は二〇〇五（平成十七）年、五十四歳でカタギになった。

一九七二（昭和四十七）年、二十一歳で初代竹中組内坂本会・坂本義一会長の盃を受けて渡世入りし、中野会、初代古川組を経て三十三年後のことだ。そして二〇一二（平成二十四）年にＮＰＯ法人「五仁會」を発足して現在にいたる。

五仁會を発足して以後、更生の意志を持ちながらも実行できなかったやくざをずいぶん見てきた。

彼らは、なぜ実行に移すことができなかったのか。

大きく分ければ三つのタイプがいる。ひとつは本人の気が弱いこと。組を抜けてカタギになるということが親分に言えないまま、ズルズルと現役を続けているタイプ。二つ目は十分ではないにしても現役でなんとかメシが食えている人間だ。メシが食えていれば迷いながらもなかなか踏ん切りがつかない。この心理は転職に置き換えれば勤め人の方にもおわかりいただけるだろう。

そして三つ目は前述のように「元暴五年条項」など社会の受け入れ態勢の不備だ。

こう言うと、

「勝手にやくざになっておいて、足を洗うときだけ社会のせいにするのはけしからん」

と非難されれば、そのとおりだ。

「自業自得だ」

と突き放されても返す言葉はない。

だが、ひとりでも多く組を離脱させ、更生させることができれば、それは結果として社会にプラスになる。口幅ったいことをいわせてもらえば、五仁會の活動は直接的にはやくざの更生支援だが、それは取りも直さず社会貢献活動であるということだ。

「ほう、元やくざ組長が社会貢献活動とは立派なことだ」

という陰口に対しては、

「元やくざ組長だからできるのだ」

と、これは口には出さないが、心のなかで思っている。やくざの心理や本音、組を抜けることの難しさ、そしてやくざであるがゆえに更生が茨《いばら》の道であることを、私は誰より知っている。

だから、きれいごとは言わないし、安請け合いもしない。言うべきことはハッキリ告げる。それが本人のためだと確信しているからである。

これまで組を抜けた多くのやくざがカタギとしてうまくやっていけず、私のところに相談に来た。

「仕事が見つからない」

「指がないから、面接に行っても落とされる」

「刺青がバレて会社をクビになった」

どうすればいいのか——そう口をそろえる。

そんなとき、私はハッキリ言う。

「雇う側は、なんだかんだといって不採用にしたり、刺青を理由にクビにしたりするが、それは取ってつけた理由であって、本当はあんたの人間性に問題があるのではないか」

ムッとした顔をする人間は見込みがない。

たしかに刺青が入っていればマイナスになるだろう。雇ってもらえないこともあれば、クビになることもあるだろう。だが、東京オリンピックはどうだ。刺青を入れた外国人選手がたくさん来ていたし、サッカーのW杯など世界的な有名選手の多くが刺青を入れている。非難どころか、すばらしいプレーに称賛を送っている。

これを文化の違いというのは当たらない。私も刺青だらけだが、前述のように県知事や県警本部長の前で堂々と講演している。しかもテーマは暴力追放運動だ。

「刺青があるから」

「指がないから更生できない」

というのは泣き言にすぎない。

私にできて、なぜほかの者にできないのか。私にいわせれば本気度――すなわちカタギになってやっていくのだという覚悟が足りないのだ。

だから、何より「カタギでやっていく」という本人の強固な意志が大前提で、これがなければ更生などできるものではない。言い換えれば、本気になってカタギを目指すなら道は必ず開けるという逆説でもある。

覚悟を持って自分が決めた道を歩き、もし途中で道に迷ったと思えば、遠慮なく私を訪ねてくれればいい。本気には本気で私は応える。

迷っている現役やくざ

組織離脱とカタギになることを決意しながら、親分のメンツと組織の体裁を考えるやくざがいる。読者諸賢は彼のことをどう思うだろうか。ケーススタディーとして読んでいただきたい。

酒井正雄氏は住吉会傘下組織の幹部で、組を実質的に抜けて三年になる。私は彼の人格を見込んで五仁會の相談役で入ってもらおうかと思っていた。ところが警察から「組に脱退届を出せ」と言われて逡巡《しゅんじゅん》している。

警察は酒井氏にこう言ったそうだ。

「組を抜けたのはわかっているが、組から状《チラシ》が回っていない」

実質的に足を洗ってはいても、脱退届が出ていない以上、カタギとは認められないというわけだ。お役所仕事というのか、脱退を証明するためにはチラシという「客観的な証拠」が必要だというのだ。

「だから竹垣会長、あと二年待ってください」

酒井氏はそう言った。

すでに三年がたっているので、あと二年すれば「元暴五年条項」がクリアできる。そうなれば普通の市民生活が送れるようになる。

「だけど酒井さん、それはあんたの解釈やろ?」

私はハッキリこう言った。

「脱退届を出さなカタギと認めんと警察が言うとるんやったら、二年待ったところで元暴五年条項が取れるかどうかわからへんで」

と私は言った。

酒井氏が真顔で言う。

「これまでかわいがってもらった親分に対して脱退届は出せません」

酒井氏の気持ちも元やくざの組長としてわからないわけではない。酒井氏はこれまで組幹部として脱退届を受け取る立場にあった。それが一転、脱退届を出す立場になる。

「今度はおまえが出すのか」

親分にこう言われたら返事に窮するだろう。

さらに、組と縁を切っても評判はいつまでもついて回る。私だってユーチューブ「竹垣悟チャンネル」で、

「○○は根性の据わったやくざやった」

と、ほめもすれば、

「××はしょうもない若い衆だった」

と貶《けな》しもする。

やくざ時代の自分に対して悪口を言われたくないのは人情だ。カタギにしても前にいた会社で悪口は言われたくないのと同じだ。だとすれば、やくざもカタギも組織を離脱するときはきれいにやめていかなければならない。円満退社が望ましいのだ。

そのことを考えれば、酒井氏も脱退届は出しにくい。

酒井氏は繰り返し「あと二年」と言ったが、じつは「元暴五年条項」の適用は曖昧なのだ。

私がこのことについて「猫組長」こと菅原潮《すがわらうしお》（元神戸山口組三次団体組長。国際金融など経済やくざとして知られる。引退後は評論、執筆で活躍中）に聞くと、

「僕は通帳も銀行もちゃんとしてますよ。それなりに警察に仁義を通せばやってくれるんで

す」

と言っていた。

だから酒井氏も警察の助言に従って脱退届を出しさえすれば、五年が経過していなくても銀行などの手続きは可能なのだ。

右と左の岐路に立てば、どちらかの道を選択しなければならない。

「酒井さん、元の親分の気持ちを考えとったら、いつまでたっても暴力団扱いやで」

と私は言ったが、酒井氏は黙っていた。

やくざがカタギ社会に溶け込むのは口で言うほど簡単なことではない。だから私はなおさら覚悟を問うのだ。

後日談だが、この相談を受けたのが二年前で、先日、酒井氏から私に五年たったと連絡があった。これは元暴力団組員が円満退会した好例だろう。

やくざとして成功する人間はカタギでも成功する

刑務所からカタギになりたいという相談の手紙が少なからず来る。相談にも乗れば差し入れもしたが、ことごとく裏切られてきた。いざ出所したら、それっきりだ。挨拶ひとつない。

私の器量が足りないのかもしれないが、十人いたら十人がそうだった。二〇一二（平成二十四）年に五仁會を設立して十一年になるが、刑務所や拘置所から私に相談の手紙を出してくる人間で、まともに更生した者はいない。

（こんな連中、何したってもあかんな）

それが結論だ。

彼らは私を体《てい》のいい文通相手にして楽しんでいるだけなのだ。刑務所にいて何がいちばんうれしいかといえば、面会と手紙だ。懲役囚は一通でも多く家族に手紙を出したがるが、出す相手がいなければ当然、手紙が来ることもない。手紙が来ないのは肩身が狭いもので、やくざであればカッコの悪いことになる。

そこで元やくざの竹垣悟が五仁會をやっているというので手紙を書いてくる。

〈出所したらカタギになりたく思っていますが、どうすればよろしいでしょうか〉

そんなことを書けば返信が届く。私は本を書いたり、テレビに出演したりしてやくざ社会で知らない者はいない。その竹垣悟から手紙が刑務所に来るのだ。

「ほら、見てみい。竹垣悟がわしに手紙寄こすねん」

私と手紙のやりとりをしているということは、ほかの懲役に対して鼻が高くなるというわけだ。五回も懲役に行っておきながら懲役のこの心理を迂闊《うかつ》にも見過ごした私が悪い。五仁會を立ち上げて十一年のうちに、私はずいぶん「人間勉強」をさせてもらったと思っている。五仁會は更生を目的としているため、基本姿勢は「来る者は拒まず」でいる。だからといって猫も杓子も面倒を見るわけではない。更生に対して本気度が低い人間や見込みがない人間は断る。情熱を傾け、それが心に響かないような人間を相手にするほど私はお人好《よ》しでもない。更生の「打率」を上げるために、私にも対象者を選ぶ権利があるのだ。

だから手紙や電話で五仁會について問い合わせが来ると、

「本気で更生したいんやったら、とにかく、いっぺんボランティアの掃除に来い。汗を流せ。話はそれからや」

そう言う。

汗の一滴も流せないような人間が更生などするはずがない。ましてや身銭を切れないヤツは論外だ。これが私の経験則である。

こんなことをいえば、更生活動家として天に唾することになるのかもしれないが、いい加減な人間が多すぎる。カタギになろうと、すがるときは必死になっていても、喉元を過ぎれ

ば熱さを忘れてしまう。竹中正久親分がよく言っていたが、

「刑務所のなかに入っとうときだけ反省してもあかん」

これが、ものごとのすべての原点だと思う。刑務所の門を一歩出たら、つらかったことをすぐに忘れてしまい、羽が生えて飛び回る。懲役を経験として生かすだけの器量も能力もない。だから、なんの進歩もないのだ。

やくざ社会で頭角を現すのは難しい。「弾は後ろから飛んでくる」という権謀術数渦巻く世界でありながら、やくざとして筋を貫き通すのは至難のワザだ。根性、度胸、器量、そして頭のよさと誠実さを併せ持って初めて大成する。やくざ社会で成功する人間は一般社会でも成功するといわれるゆえんである。

私が刑務所という「大学」で学んだことのなかで、このことは、ぜひ現役やくざに伝えておきたい。

（了）

懲役《ちょうえき》ぶっちゃけ話《はなし》
私が見《み》た「塀《へい》の中《なか》」の極道《ごくどう》たち

2023年5月16日　第1刷発行

著　者　竹垣《たけがき》 悟《さとる》

ブックデザイン　HOLON
著者撮影　水野嘉之

発行人　畑 祐介
発行所　株式会社 清談社Publico
〒102-0073
東京都千代田区九段北1-2-2　グランドメゾン九段803
Tel. 03-6265-6185　Fax. 03-6265-6186

印刷所　中央精版印刷株式会社

ISBN 978-4-909979-45-2 C0095

清談社
Publico

http://seidansha.com/publico
Twitter @seidansha_p
Facebook http://www.facebook.com/seidansha.publico